O RETORNO DO
SAGRADO

A Reconciliação Entre Ciência e Espiritualidade

O RETORNO DO SAGRADO

A Reconciliação Entre Ciência e Espiritualidade

Raïssa Cavalcanti

EDITORA CULTRIX
São Paulo

Copyright © 2000 Raïssa Cavalcanti.

Todos os direitos reservados. Nenhuma parte deste livro pode ser reproduzida ou usada de qualquer forma ou por qualquer meio, eletrônico ou mecânico, inclusive fotocópias, gravações ou sistemas de armazenamento em banco de dados, sem permissão por escrito, exceto nos casos de trechos curtos citados em resenhas críticas ou artigos de revistas.

O primeiro número à esquerda indica a edição, ou reedição, desta obra. A primeira dezena à direita indica o ano em que esta edição, ou reedição, foi publicada.

Edição	Ano
1-2-3-4-5-6-7-8-9	00-01-02-03-04-05

Direitos reservados
EDITORA CULTRIX LTDA.
Rua Dr. Mário Vicente, 374 — 04270-000 — São Paulo, SP
Fone: 272-1399 — Fax: 272-4770
E-mail: pensamento@cultrix.com.br
http://www.pensamento-cultrix.com.br

Impresso em nossas oficinas gráficas.

A todos os que ajudaram a construir
a nova visão de mundo.

"O homem é feito pela sua crença. Assim como acredita, assim é."

— Bhagavad Gita

Sumário

Introdução 9

Capítulo 1. A dessacralização do mundo 17

Capítulo 2. Um mundo fragmentado 46

Capítulo 3. A liderança da física moderna na mudança
da visão de mundo 65

Capítulo 4. A ressacralização do mundo e o
paradigma holístico 89

Capítulo 5. O retorno do sagrado na psicologia 119

Capítulo 6. A psicologia sagrada 181

Notas Bibliográficas 209

Introdução

Este livro trata de questionamentos a respeito dos caminhos da ciência, da espiritualidade e do desenvolvimento evolutivo do homem. Algumas das questões aqui abordadas surgiram no início do século XX quase simultaneamente em várias áreas do conhecimento e vêm sendo objeto da reflexão de muitos cientistas.

Esse século foi particularmente fértil em idéias que propõem uma nova compreensão do real e se mostram capazes de unir a visão científica à visão espiritual. Essas idéias, continuamente discutidas por cientistas e teóricos das várias áreas do conhecimento, fazem parte de uma tentativa de reversão dos processos de dessacralização da vida, de unilateralização da vivência racionalista, de fragmentação da percepção e de oposição entre ciência e espiritualidade.

Verifica-se atualmente, entre esses cientistas e teóricos, uma tentativa conjunta de corrigir a visão mecanicista e racionalista que, causando a fragmentação do conhecimento e a perda da concepção sagrada da vida, marcou profundamente a psique ocidental e determinou a relação predatória do homem com o meio ambiente e consigo mesmo. Essa tentativa — embora não constitua novidade para os círculos do conhecimento envolvidos na reflexão e na práxis dela decorrentes — infelizmente ainda é desconhecida em inúmeros meios intelectuais.

Neste livro retomo essa discussão histórica e compartilho com alguns teóricos suas visões e conclusões. Existe um consenso entre vários pensadores em situar as origens do processo de fragmentação do conhecimento no pensamento racionalista e dualista, oriundo de algumas idéias desenvolvidas a partir do Renascimento e da Reforma.

Os fundamentos filosóficos do mecanicismo foram concebidos por René Descartes. Isaac Newton, por sua vez, desenvolveu a base científica e matemática da teoria mecanicista do mundo. A teoria mecanicista forneceu poderosos argumentos em favor da separação entre a ciência e a espiritualidade e contribuiu para a perda do sentimento do sagrado da vida. Marcando profundamente a consciência do homem nos séculos XVII, XVIII e XIX, o mecanicismo instaurou uma nova ética, uma nova concepção do homem e também uma nova forma de relacionamento com o mundo.

No início do século XX, com as pesquisas da física atômica, os cientistas começaram a sentir a necessidade de reformular a visão mecanicista, responsável pelo arcabouço teórico da ciência. O desenvolvimento das investigações na área da física quântica determinou a construção de uma concepção de mundo menos fragmentada e mais totalizante. A partir daí, a ciência tendeu a abandonar gradualmente o dualismo mente-corpo, sujeito-objeto, espaço-tempo, energia-matéria, matéria-espírito, adquirindo com a admissão da totalidade e da interconexão de todas as coisas, uma visão mais profunda da realidade. Assim, a ciência ocidental se aproximou das filosofias e sistemas espirituais do Oriente.

O novo universo que se descortinou para os físicos obrigou-os a entrar em contato com questões referentes à origem e à finalidade da vida, que são, em última análise, questões científicas e espirituais. Muitos físicos, com o aprofundamento de suas pesquisas sobre o tempo e a consciência, declararam acreditar na existência de algum tipo de Princípio Transcendente, de Consciência Una. E o interesse dos físicos quânticos sobre a natureza da consciência levou a física a aproximar-se cada vez mais da psicologia e da visão dos místicos orientais, uma vez que o Oriente tem muito mais a dizer sobre a origem da consciência do que o Ocidente.

O novo paradigma que surgiu da física trouxe, finalmente, a possibilidade de superação da fragmentação conceitual e de recuperação da dimensão espiritual na ciência e influenciou todas as demais áreas do conhecimento, principalmente a psicologia. Os avanços de muitas disciplinas diminuíram as lacunas que separavam as diferentes áreas do conhecimento, as ciências exatas das humanas e, finalmente, a ciência da espiritualidade. Assim, o conhecimento vem caminhando, cada vez mais, para construir uma visão de unificação e totalidade.

A totalidade e o inter-relacionamento de todas as coisas fazem parte de uma concepção holística e espiritual. Ela corrige a noção fragmentada da vida e do conhecimento e devolve ao homem a visão sagrada, integral e harmônica da totalidade, segundo a qual todos os saberes humanos estão interconectados e todo o universo está unido de forma significativa.

A visão holística — a resposta à tentativa de síntese de todo o conhecimento — contrapõe-se, evidentemente, à visão racionalista, fragmentadora e dualista, que levou o homem à dissociação na percepção de si mesmo e do universo. Ela propõe uma forma mais abrangente e profunda de ver e de compreender o mundo, na qual possa existir o inter-relacionamento dinâmico entre a ciência, a arte, a filosofia e as tradições espirituais.

A recuperação da noção de totalidade é um dos acontecimentos mais importantes do século XX, pois corresponde a uma verdadeira revolução: funda uma nova ética, uma nova visão do homem e um novo universo de valores. De acordo com essa visão, o ser humano passa a ser o artífice de si mesmo e o único responsável pelo mundo que cria.

Neste livro, situo o desenvolvimento da física, da psicologia e de outras áreas do conhecimento dentro desse contexto, detendo-me mais detalhadamente nos rumos que a psicologia tomou nos últimos anos, tanto no nível teórico quanto no prático-clínico. Muito influenciada pelo novo pensamento, a psicologia superou a visão mecanicista dominante, representada em sua área pelo behaviorismo, e adotou a concepção holística, que considera a promoção da dimensão criativa e espiritual do homem um aspecto importante no contexto terapêutico.

Ao lado da física, a psicologia atualmente assume, por meio das abordagens junguiana, transpessoal e da psicologia sagrada, a liderança no resgate da concepção holística e sagrada da vida em que se pauta o novo paradigma. A concepção holística é sagrada porque pressupõe a totalidade e o inter-relacionamento cheio de significado de todas as coisas do universo e leva a uma reconstrução da imagem de homem que inclui os níveis biológico, psicológico, espiritual e cósmico. Sua recuperação reveste-se da maior importância para o entendimento do mundo, do homem e de sua função no universo.

Baseada nesse novo paradigma, a psicologia vem tentando harmonizar não só as oposições em relação a outras áreas do conhecimento, mas, sobretudo, aquelas verificadas entre as várias escolas e abordagens teóricas que abriga. Os preconceitos teóricos entre as escolas de psicologia têm sua origem na dificuldade de pensar e compreender o homem de uma forma integral. Além de prejudicar a concepção do homem, isso interfere no próprio estabelecimento das metas do desenvolvimento humano: uma escola privilegia a conscientização e a integração das pulsões inconscientes, outra busca o desenvolvimento dos aspectos criativos do indivíduo, uma terceira enfatiza o desenvolvimento do lado espiritual do homem e da consciência cósmica. A psicologia vem tentando superar os preconceitos internos e adotar as conclusões teóricas e finalidades terapêuticas das diversas abordagens, integrando-as para uma visão mais completa e abrangente do ser humano.

Adotando a visão holística na compreensão do ser humano, algumas abordagens da psicologia entendem que cada escola pode privilegiar o trabalho com um determinado nível de consciência, sem esquecer que este é parte de um espectro que abrange os vários níveis que compõem as inúmeras possibilidades de desenvolvimento da consciência e do impulso evolutivo humano. Assim, tais abordagens incluem os diversos sistemas teóricos no quadro maior do próprio processo evolutivo das idéias sobre o homem e do próprio homem.

Desde o início do século, com o advento da psicanálise, a visão mecanicista da natureza humana, tão lesiva ao homem, começou a ser superada. O grande progresso que a psicanálise representou seria mais tarde ampliado por Jung, que corrigiu os dualismos da visão psicanalítica freudiana ao recuperar a dimensão criativa e espiritual do homem. Jung foi buscar no Oriente a inspiração para um trabalho psicológico que visava o desenvolvimento da consciência espiritual.

Atualmente, por intermédio de seus vários teóricos, a psicologia transpessoal assume a liderança do movimento holístico no sentido de propor uma visão mais ampla, que inclua o desenvolvimento da dimensão espiritual do ser humano. Dessa forma, vem se aproximando dos físicos e dos místicos do Ocidente e do Oriente. Por meio da formulação de cartografias em que se descrevem os vários níveis de consciência que compõem um amplo espectro evolutivo, a psicologia transpessoal visa não só integrar os vários sistemas de psicologia que tratam do desenvolvimento da consciência, mas também desenvolver aquele nível do espectro que chamou de "consciência cósmica" — o nível das experiências transcendentes.

A psicologia transpessoal vem tentando promover uma síntese que integre as várias abordagens psicológicas do Ocidente e do Oriente, pois compreende que todos os níveis do espectro da consciência devem ser plenamente vivenciados para que se possam atingir as experiências transcendentais. E dá um passo ousado quando, além de acolher os conteúdos e experiências de origem espiritual, procura promover, dependendo da demanda do cliente, a ampliação da consciência em direção a estados cada vez mais elevados, até atingir o Estado Supremo de Consciência Espiritual. Com essa finalidade terapêutica, integra as técnicas da psicologia ocidental às técnicas das antigas psicologias do Oriente.

Este livro mostra o desenvolvimento da psicologia no contexto das importantes mudanças que viveu o século XX e define as psicologias junguiana, transpessoal e sagrada como abordagens de tendência holística que têm como meta o desenvolvimento integral do ser humano, inclusive em sua dimensão espiritual. Entretanto, por ser a abordagem menos conhecida no Brasil e a que mais privilegia em sua prática a promoção do contato com o *Self* e o restabelecimento da conexão do ego com esse centro interior divino, a psicologia sagrada será mais detidamente analisada.

A psicologia sagrada procura principalmente despertar a consciência de que o ego não constitui a verdadeira essência do ser, pois esta faz parte do *Self*. Essa consciência é a que pode levar o homem a assumir o seu verdadeiro eu e a colocar-se a serviço do projeto evolutivo maior do *Self*, abandonando as necessidades egóicas infantis e insanas. Com esse objetivo, a psicologia sagrada tem se preocupado em sistematizar um método e uma técnica de trabalho cuja aplicação prática favoreça a emergência da dimensão sagrada do inconsciente. Essa abordagem defende uma proposta de vivência direta do sagrado, por meio da reatualização dos rituais iniciáticos e do trabalho com a dimensão simbólica presente nos mitos de diversas tradições místicas, como a alquimia, a cabala, o tantrismo e o budismo. Para isso, emprega não só as técnicas tradicionais, como a imaginação ativa dirigida, mas também as técnicas provenientes das antigas psicologias sagradas. A psicologia sagrada acredita que essa experiência pode fornecer profundas introvisões e romper os limites impostos pela compreensão intelectual. É no domínio mítico e arquetípico que se dá o contato com o espaço e com o tempo sagrados, pois é nas imagens simbólicas que o *Self* se manifesta.

A psicologia sagrada pressupõe que a vivência das experiências transcendentais é de fundamental importância para a saúde psíquica, pois devolve ao homem a sua verdadeira essência e a consciência de sua participação na totalidade cósmica, levando à cura dos sentimentos de alienação, de vazio e de falta de sentido. Ela desloca o processo de identificação do ego para o *Self*, promovendo a vivência da dimensão sagrada por meio dos seus símbolos e arquétipos. Assim, o ego pode reconhecer-se parte de uma dimensão maior e refazer a sua ligação com o Deus interior. O contato com a realidade do *Self* e o estabelecimento do processo de identificação com ele facilitam a libertação das restrições, das defesas e dos sentimentos de culpa, de inferioridade, de incapacidade e de baixa auto-estima, além de muitos outros sentimentos destrutivos, que tolhem a realização e a criatividade. Assim, a ação terapêutica da psicologia sagrada consiste na promoção de condições para a vivência das experiências sagradas do *Self*, pois acredita que elas possam conduzir a uma profunda transformação da personalidade e ao despertar da consciência espiritual, o que facilita o desenvolvimento pleno e harmonioso do ser humano.

A psicologia sagrada, voltada para o despertar da dimensão espiritual e sagrada, para a resolução da dissociação entre psique e espírito e para a conexão com o *Self*, pode ser considerada uma das mais atuais vertentes da psicologia. Por intermédio dela e das abordagens junguiana e transpessoal, a psicologia se insere, juntamente com outras áreas de conhecimento, no movimento holístico contemporâneo, que propõe a reabilitação da espiritualidade como importante parâmetro de aferição da realidade.

Capítulo 1

A dessacralização do mundo

O mundo contemporâneo caracteriza-se por ser completamente dessacralizado e destituído de todo valor numinoso. O sentimento do sagrado, seja em relação à natureza ou ao cotidiano das pessoas, está ausente da vida moderna. Mesmo nos templos ou igrejas das religiões institucionalizadas, a vivência do sagrado como experiência interior se diluiu ou mesmo desapareceu. Na maioria das vezes, os ritos se tornaram mecanizados e automatizados, e o significado espiritual transcendente ficou obscurecido e alienado da vida das pessoas.

O panorama psíquico e existencial atual é bastante diferente do que havia nas culturas tradicionais mais antigas, principalmente nas do Oriente. Nessas sociedades, a natureza era vista como a manifestação de Deus; a terra, considerada sagrada, era não só a fonte pródiga da vida, mas também o lugar de descanso dos mortos. Havia, nessas culturas, um reconhecimento do significado espiritual, ao lado de uma estrutura mítica que conferia sentido transcendente à realidade. Dentro desse universo conceitual em que quase todos os atos eram investidos de caráter sacro, tanto o espiritual quanto o material eram vivenciados como partes integrantes de uma mesma totalidade. Havia continuidade entre a vida material e a espiritual. A terra estava unida ao céu.

A vida terrena era considerada sagrada porque refletia o céu em todas as suas dimensões. Os lugares onde se praticavam os rituais religiosos — os bosques, as montanhas, as cavernas, as fontes e os rios — eram considerados santos, pois a natureza era sentida como espiritual. A religião estava ligada à busca do conhecimento essencial das coisas e à ciência. Como os objetivos da ciência eram a compreensão da ordem natural da vida e a harmonia entre o homem e essa ordem, não havia separação entre conhecimento e espiritualidade.

O desenvolvimento da consciência no Ocidente tomou o caminho da fragmentação, se desespiritualizou e assumiu uma forma dualista no modo de pensar e no modo de sentir. Na cultura ocidental, o processo de fragmentação de espírito-matéria e ciência-espiritualidade tem raízes muito antigas, já presentes na filosofia atomista grega, com Demócrito e Lucrécio. Os atomistas concebiam a matéria como formada de "vários blocos básicos de construção", os átomos, que eram passivos e mortos. Eles diziam que os átomos eram movidos por alguma força exterior, que supunham ter caráter espiritual e, portanto, diferir da matéria. Foi essa antiga concepção grega que deu origem ao dualismo espírito-matéria, mente-corpo, o qual, mais tarde, veio a permear todo o pensamento ocidental.

Embora o pensamento dualista não fosse dominante na filosofia grega, ele deixou germes poderosos, que viriam a dar fundamentação ao processo de separação entre a ciência e a espiritualidade. Por outro lado, os gregos também desenvolveram filosoficamente a concepção da natureza como um organismo vivo, e esse pensamento ocupava uma posição importante na sua filosofia. Os grandes filósofos afirmavam que a natureza era viva devido ao seu movimento incessante.

Essa concepção animista grega permeou a Idade Média e exerceu uma grande influência sobre o pensamento ocidental, contrabalançando a visão dualista. De acordo com a filosofia animista, todas as coisas na natureza, em sua singularidade e totalidade, eram animadas e vivas — portanto, tinham alma. Segundo o animismo, a alma humana era constituída, por um lado, da consciência ou essência espiritual e, por outro, da vida do corpo e das atividades corpóreas, dos sentidos e dos instintos. O animismo ainda estabelecia uma relação entre a alma humana e o mundo celeste e suas hierarquias angelicais.

Durante parte da Idade Média, o homem conseguiu conservar numa grande síntese as concepções gregas sobre a natureza, o conhecimento tecnológico romano, as tradições pré-cristãs e os valores da religião cristã. A combinação dos conhecimentos da antiguidade clássica, do cristianismo medieval e do paganismo popular refletiu-se na arte e na arquitetura, como atestam as catedrais góticas. Construídas em locais considerados sagrados, elas estavam voltadas para o nascente e reproduziam os antigos templos.

Os valores espirituais presentes nos ensinamentos de Cristo muito contribuíram para sustentar, por algum tempo, o elo entre o mundo Divino e o mundo humano e natural, entre o científico e o espiritual. Durante um certo período, a Idade Média viveu num tempo ritual, no qual a liturgia cristã fornecia os parâmetros de relacionamento entre o homem e o mundo natural e social. Penetrado pela transcendência, o mundo real imanente era mais rico de significado. Assim, manteve-se intacto, por algum tempo, o elo de continuidade entre Deus e o homem. Como diz Gusdorf: "(...) nunca a cidade dos homens se quis tão exatamente idêntica à Cidade de Deus, que lhe serve de propósito escatológico, bloqueando nela o passado, o presente e o futuro".[1]

Até o século XIII, a Idade Média foi fortemente permeada pela filosofia neoplatônica. A partir desse século, o pensamento de Aristóteles passou a exercer maior influência sobre o pensamento medieval, embora o neoplatonismo pitagórico ainda deixasse marcas. Aristóteles tentava unir a física à metafísica e à teologia. Suas idéias constituíam dogmas religiosos incontestáveis e embasavam o pensamento dominante, representado pela escolástica. As idéias aristotélico-tomistas informaram o saber dessa época e mantiveram o mundo humano ligado ao mundo divino. A ciência ocidental, nascida dentro do campo espiritual, com ele mantinha estreita relação.

Para a escolástica, o mundo havia sido criado por Deus para o bem do homem. A natureza existia para ser desfrutada e conhecida pelo homem. E o homem existia para conhecer Deus e com ele deleitar-se para sempre. Nessa visão de mundo, a razão e o conhecimento estavam unidos à experiência mística e ao êxtase. Dessa forma, a escolástica cumpria seu objetivo: promover a união entre a razão e o espírito.

Na concepção teocêntrica, o mundo humano era um mundo cheio de sentido espiritual. Embora marcada pelo caráter teocêntrico e geocêntrico, a visão medieval já abrigava o germe do antropocentrismo. O homem ocupava um lugar mais importante que o da natureza na obra da Criação Divina: o mundo havia sido criado para o seu uso. Para a física aristotélica, a Terra, imóvel, era o centro do universo, em torno do qual, para o prazer do homem, giravam o céu e as estrelas.

O pensamento aristotélico foi muito importante para a ciência e a religião medievais porque sintetizava ciência e espiritualidade. Mas, por seu caráter dogmático, não só criava entraves ao desenvolvimento do pensamento científico, mas contribuía para excluir Deus da alma humana, por meio de afirmações como: "Nada existe no intelecto que não tenha passado pelos sentidos".

Segundo Paul Tillich, quando as pessoas deixam de vivenciar Deus interiormente, são forçadas a crer nele — e a crença é, além de um artigo sujeito a perda, um aspecto da razão. Quando esta tem preponderância sobre a vivência psíquica interna, abre-se o caminho para o racionalismo, o materialismo e o ateísmo. Nesse sentido, Jung concordou com Paul Tillich e também viu na orientação aristotélica da cultura ocidental o germe do ateísmo. Segundo Jung, quando o homem perde a experiência espiritual interior, o divino degenera em um objeto externo de adoração e perde a sua misteriosa relação com o homem interior.

Mas a versão medieval das teses aristotélicas, baluarte da Igreja, foi combatida por artistas e intelectuais de consciência mais livre, a princípio na literatura e nas artes e depois no pensamento. Dante

Alighieri (1265-1321) mostra na *Divina comédia** um indivíduo livre, não moldado por qualquer padrão. Cimabue (1240-1302) e Giotto (1266-1336), na pintura, e Niccolo Pisano, na escultura, quebram a tradição e substituem a representação metafísica medieval pela representação humanista. A esses sucederam Petrarca (1304-1374) — que adorava os pensadores pagãos e procurava unir Santo Agostinho a Virgílio, o misticismo cristão ao classicismo — e Giovanni Boccacio (1313-1375) — autor do *Decameron*, obra muito combatida pela Igreja, cujo estilo, influenciado por Dante e Petrarca, mesclava sensualismo e individualismo.

A partir do século XIV, algumas concepções filosóficas surgidas dentro da própria Igreja roubaram a preponderância às idéias de Aristóteles e à síntese científica aristotélico-tomista. Guilherme de Occam (1298-1349), por exemplo, padre franciscano e professor da Bíblia em Oxford, fez a crítica do aristotelismo ao separar ciência de espiritualidade, com o argumento de que se tratava de uma dupla verdade. Segundo seu nominalismo dualista, o conhecimento se dividia em verdades espirituais e verdades científicas. Embora fosse um religioso, para Occam fé e razão deveriam manter-se separadas: a fé deveria voltar-se para as questões espirituais e divinas, ao passo que a razão deveria limitar-se ao estudo da natureza. No entanto, se uma verdade da razão contrariasse uma verdade da fé, a última deveria prevalecer, pois a ciência existia para confirmar a fé. Occam, que foi várias vezes acusado de heresia, percebia o prejuízo que a ortodoxia oficial poderia causar à evolução do pensamento científico. Com a separação dos campos da ciência e da religião, tentava derrubar os impedimentos à evolução do pensamento científico.

Nicolau de Autrecourt (1350) professor de arte e teologia, foi seguidor de Occam e se posicionou contra o aristotelismo. Afirmando que era melhor estudar a natureza do que ler Aristóteles, ele admitia como verdade somente os dados da experiência imediata,

---

* Publicado pela Editora Cultrix, São Paulo, 1965.

pois esses eram os únicos que podiam proporcionar o saber, ao lado do critério da contradição.

Dentro do clima de condescendência e abertura do Renascimento, surgiram outras idéias contrárias à ortodoxia da Igreja. Nicolau de Cusa (1401-1464), sacerdote que participou do Concílio de Basiléia e, mais tarde, se tornou cardeal e bispo, também foi influenciado pelo nominalismo e opôs-se às teses aristotélico-tomistas. Distinguiu ele quatro níveis de conhecimento: o dos sentidos (que proporciona imagens confusas e incoerentes), o da razão (que diversifica as imagens e as ordena), o do intelecto ou racional especulativo (que unifica as imagens) e o da contemplação intuitiva (que leva a alma à presença de Deus e, assim, a faz alcançar o conhecimento da unidade dos contrários).

Segundo Nicolau de Cusa, a unidade dos contrários — ou unidade suprema — é o próprio Deus. Deus é a *coincidentia oppositorum* porque é onde está a verdade suprema, como superação de toda contradição. O mundo é a manifestação de Deus e nele está o princípio de sua unidade e ordem. No livro *Sobre a douta ignorância* (1440), ele diz que, para chegar ao saber que reside na unidade suprema, o homem deve renunciar a todo tipo de afirmação e determinação. Em tal estado, a alma se desprende do conhecimento dos contrários e se aproxima do conhecimento da unidade. Isso é possível porque o homem é a imagem do divino, o microcosmo no qual Deus está refletido.

As idéias de Nicolau de Cusa eram muito avançadas para a época. Ele contestou, antes de Copérnico, a concepção de que a Terra seria o centro do mundo e da criação: "Se o mundo tivesse um centro, ele teria também uma circunferência e conteria nele o começo e o fim e este mundo seria limitado por um outro mundo (...). A Terra não é o centro nem da oitava esfera nem de esfera alguma (...). Onde quer que se situe o observador, ele se acreditará estar no centro de tudo".[2] Nicolau de Cusa chegou a levantar a hipótese da existência de vida em outros planetas. Ele já antecipava conceitos que seriam desenvolvidos posteriormente pela astronomia e pela física e, muitos séculos depois, pela psicologia. Não foi perseguido pela Igreja porque apresentava suas idéias sob a aparência de "puras hipóteses", recurso usado pelos pensadores para salvar a própria pele.

O aristotelismo ainda se manteve forte até o início do século XVI: em 1452, por decreto de Nicolau V, o pensamento de Aristóteles tornou-se a doutrina oficial da Universidade de Paris e, em 1473, Luís XI declarou que as idéias de Aristóteles e de Tomás de Aquino é que deveriam ser ensinadas.

O Renascimento, com suas idéias humanistas e sua efervescência intelectual, foi uma época de tolerância às novas idéias e de oposição às idéias de Aristóteles. Erasmo de Roterdã (1469-1536), teólogo, filólogo e escritor holandês, opôs-se ao cristianismo dogmático e à escolástica. Em *Elogio da loucura* (1509), fruto de suas palestras com Thomas Morus, ridiculariza as fantasias escolásticas de medição dos mistérios das escrituras. Para Erasmo, a sabedoria ilusória desse mundo é loucura, e a loucura de quem resiste às ilusões de todos é a verdadeira sabedoria. Erasmo, com seu cristianismo adogmático, inicialmente influiu nos movimentos que procuravam a liberdade do pensamento, como a Reforma. Mas foi perseguido, mais tarde, por Lutero porque se opôs ao seu determinismo, que achava desumano.

No entanto, foram dois fatos, principalmente, os que promoveram duas verdadeiras revoluções — uma astronômica, outra geográfica — e obrigaram a uma mudança de visão de mundo: a redefinição do sistema planetário por Nicolau Copérnico e a descoberta do Novo Mundo por Colombo.

Nicolau Copérnico (1473-1543), advogado e cônego da catedral de Frauenberg, na Polônia, dedicava muito de seu tempo ao estudo da astronomia. Assim, descobriu em antigos manuscritos gregos um modelo heliocêntrico que concebia a Terra girando sobre o seu eixo ao redor de um Sol estacionário. Depois de trinta anos de estudo, em 1543, ano da sua morte, Copérnico finalmente publica as suas conclusões no livro *De Revolutionibus Orbium Caelestium* (*Da revolução das esferas celestes*): o centro da Terra não é o centro do universo, mas apenas da gravidade e da órbita lunar, e todas as órbitas giram não só em torno do Sol como em torno de seu ponto central — por isso, o Sol é o centro do universo.

As idéias de Copérnico ofereciam uma explicação melhor do que as de Ptolomeu — que eram geocêntricas e concebiam o firmamento como uma enorme concha esférica e cristalina que girava ao redor de uma Terra redonda — e entravam em conflito com as conclusões de Aristóteles, que afirmara ser a Terra o centro do universo. No início, apesar de contestarem o pensamento oficial, essas idéias foram aceitas pelo alto clero católico: o próprio Cardeal Arcebispo de Cápua o incentivou a publicá-las. Mas Copérnico foi condenado, mais tarde, quando Giordano Bruno (1548-1600) mostrou as implicações metafísicas e teológicas de seu sistema. Segundo a cosmologia copernicana, não havia diferenças qualitativas entre a Terra e o mundo exterior e, assim, as mesmas leis se aplicavam tanto à Terra quanto aos céus. Depois disso, as teses copernicanas, que mais tarde viriam a influenciar o pensamento moderno, se tornaram um foco de controvérsias. Apesar de ser um homem religioso, Copérnico dizia que a ciência tinha o direito de buscar a verdade de forma autônoma: "A matemática para os matemáticos".

Pouco depois as leis de Kepler e os princípios de Galileu iriam abrir um novo espaço para o pensamento científico. Johannes Kepler (1571-1630), seguidor das idéias de Copérnico, foi influenciado pela crença pitagórica segundo a qual existiam simetrias geométricas no universo. Kepler, um religioso que tentou descrever em notas musicais o movimento planetário como a música das esferas, tinha certeza da circularidade e da uniformidade dos movimentos dos corpos celestes. Essas idéias correspondiam às necessidades espirituais da época. Mas depois, ao formular as leis descritivas do movimento planetário, acrescentou a noção de órbitas elípticas não-uniformes, em decorrência da observação de uma diferença de poucos minutos em tais movimentos. Para Kepler, Deus não era a causa final imóvel, mas uma energia geradora difusa.

Galileu Galilei (1564-1642) foi mais longe que Copérnico ao criticar as teses de Aristóteles e afirmar que a ciência tinha o direito de pensar livremente, independente da autoridade da Igreja. Em *Diálogos sobre os dois principais sistemas do mundo* (1632), mostra que é mais provável que a Terra se movimente e não seja o centro do universo. Mas a sua grande transgressão não foi a defesa do heliocentrismo, mas a do atomismo, que ameaçava o dogma da Eucaristia: "(...) se são os átomos que produzem os efeitos sensíveis, então na Eucaristia há átomos de pão, e a substância continua sendo do pão, o que contraria a doutrina da transubstanciação".[3] No entanto, graças à proteção da alta hierarquia da Igreja, escapou da morte: sua condenação não se baseava no atomismo, mas no heliocentrismo, considerado uma heresia menor.

O pensamento de Copérnico, Kepler e Galileu constituiu uma reação ao pensamento de Aristóteles, adotado pela Igreja Católica. Embora suas idéias não implicassem oposição entre ciência e espiritualidade — pois eles eram pessoas místicas que conjugavam as ciências da astronomia, matemática, geometria etc. e a astrologia e outros conhecimentos ocultos —, o fato de contradizerem as da Igreja contribuiu para a separação. Mais tarde, esses três cientistas seriam considerados responsáveis pelo estabelecimento do idealismo científico.

A partir dessa época, a cisão entre a ciência e a religião tornou-se cada vez mais profunda. A Igreja Católica tentou controlar o pensamento científico por meio da censura. Para desenvolver-se e constituir-se como saber, a ciência teve de fugir do controle reacionário da Igreja. No mundo moderno, o elo entre uma e outra encontra-se completamente desfeito, pois, estando a crença na espiritualidade associada ao pensamento obscurantista da Igreja, as pessoas ligadas à ciência viram-se forçadas a negá-la. O cientista, abrindo mão da crença no mundo espiritual e natural, retirou o sagrado da natureza e o substituiu pelo pensamento científico materialista.

O descobrimento da América e as viagens marítimas operaram outra grande mudança na cosmovisão, pois abalaram muitas das certezas teológicas e impuseram a criação de um novo mundo. A descoberta de novas terras mudou a concepção geográfica do mundo, tornando a Europa um continente como outros e a Terra um planeta entre outros. Os mapas da época faziam referências à Bíblia e refletiam o sistema de crenças em vigor, conforme o qual a Terra era simplesmente uma ilha — *Orbis Terrarum* — cercada por um único oceano. Esses mapas tinham formato T-O: o T dividia o *Orbis Terrarum* em três partes — Europa, Ásia e África — cujo centro era o Mediterrâneo; o O, que representava o oceano, circundava como um anel a parte terrestre. "As descobertas geográficas revelaram que os mapas que os antigos legaram ao século XVI estavam errados. Mas o problema que se colocava não era uma mera questão de erro empírico. A ruptura, em face da imagem de mundo dos antigos, foi uma ruptura diante de um padrão de autoridade, no contexto mais geral da crítica ao conhecimento escolástico (...)."[4] A astronomia e a cartografia assumiram importância crítica: a ciência contradizia os dados e as teses da Igreja Católica.

A Igreja estava perplexa diante de tudo isso. Como conciliar os fatos dos descobrimentos com os dogmas? De onde vinham os habitantes da América e os animais desconhecidos? Teria havido outra Criação? Movida pelo interesse econômico e mercantilista nas riquezas das novas terras, a Igreja — que era o poder não só religioso, mas também político — adotou uma certa abertura diante das novas idéias.

O Renascimento foi um período de grande desenvolvimento, de florescimento de idéias e de profunda transformação epistemológica. Promovendo uma recuperação do espírito greco-romano, ele pretendia ser o herdeiro da tradição, tanto a grega quanto a judeu-cristã, e realizar uma transformação e uma síntese que substituíssem o aristotelismo. Portanto, havia motivação para a junção do conhecimento científico da época ao misticismo, ou espiritualidade, numa conjunção diferente daquela oferecida por Aristóteles. Essa motivação, embora implicasse perseguições por parte da Igreja, mantinha o homem da ciência unido ao mundo espiritual e místico.

Os pensadores e cientistas importantes da época combinavam ciência com espiritualidade e misticismo. Marcílio Ficino era um estudioso da alquimia que, como médico, praticava a magia órfica.

A dessacralização do mundo

Em Copérnico, a afirmação do Sol como o centro tinha uma motivação científica e uma mística: para ele, o sol visível representava o Sol invisível, o símbolo de Deus. Para Kepler, Deus criara o mundo com números perfeitos, de acordo com princípios matemáticos. John Dee, importante matemático da época, era estudioso da cabala e astrólogo da rainha Elizabeth. Giordano Bruno era estudioso da alquimia, da filosofia hermética e dos segredos dos antigos egípcios. Tommaso Campanella, filósofo que idealizou a utópica Cidade do Sol, era estudante de magia egípcia. Os domínios da ciência e da espiritualidade ainda não se haviam separado e conviviam com misticismo oriundo de diversas fontes cristãs e não-cristãs.

Por intermédio de homens como Pico de la Mirandola, Ficino, Paracelso e Robert Fludd, o Renascimento manteve durante algum tempo o conhecimento das antigas tradições ocultistas unido ao conhecimento da ciência, numa síntese teosófica ou pansófica que influenciou a arte e a ciência. Entretanto, certas concepções renascentistas — como o antropocentrismo e a idéia do domínio do homem sobre a natureza — contribuíram para a separação entre a ciência e a espiritualidade. Com o antropocentrismo, que concebia o homem como o centro, a medida, do universo, a vida sagrada se foi tornando cada vez mais profana. Afastando-se o divino, eliminando-se o princípio ordenador superior, tudo se reduzia à proporção puramente humana: a finalidade da vida se convertia, essencialmente, na busca e conquista de bem-estar material. Essas novas concepções sobre o homem e sobre o mundo fizeram crescer a confiança na possibilidade do conhecimento e do domínio da natureza. Mas, querendo conquistar a terra, o homem se afastou cada vez mais do céu.

A atmosfera de humanismo influenciou também a concepção do Cristo, que adquire uma medida mais humana e menos divina. Jesus se torna o modelo de perfeição anatômica do corpo humano. Como diz o professor de Religião Comparada Stephan Hoeller, "o Deus perfeito cedeu lugar ao homem perfeito; o rei divino tornou-se agora o corpo humano perfeitamente proporcionado".[5]

Alimentando o processo de dessacralização da natureza, esses valores contribuíram para a cisão entre a ciência e a espiritualidade, a qual se acentuou nos séculos XVI, XVII e XVIII com a Reforma e o mecanicismo. Desde então, se cristalizou e operacionalizou uma completa separação entre a vida sagrada e a vida profana. A visão escolástica aristotélico-tomista — que, embora usada de maneira dogmática, sintetizava razão e espiritualidade — foi substituída por uma visão racionalista que separava esses dois domínios. Os séculos XVII, XVIII e XIX foram marcados pelas idéias do Renascimento e da Reforma, pelas concepções científicas de Descartes e de Newton e ainda pelo desenvolvimento da tecnologia industrial. Criou-se então "(...) uma oposição maniqueísta entre o ocultismo e a razão científica que empurrou o primeiro para uma espécie de campo do mal anti-racional, no bojo de uma ideologia do progresso e de uma filosofia do erro, para a ignorância dos tempos (e dos povos) inferiores".[6]

Mas foi a Reforma, mais do que o Renascimento, a responsável pelo desencadeamento de forças poderosas, que moldaram um tipo de consciência ligada ao controle, ao domínio e ao poder do homem sobre a natureza. A atitude mental dos reformadores contribuiu fortemente para a cisão entre o sagrado e o profano, entre a ciência e a espiritualidade. Deus foi eliminado da concepção científica do mundo e circunscrito ao domínio da religião.

Os reformadores protestantes queriam fundar uma forma asséptica de cristianismo, promovendo uma purificação que erradicasse o que chamavam de "superstições pagãs", entre as quais estavam todas as práticas rituais e o sentimento do sagrado diante da natureza. Muitas das práticas do cristianismo, incorporadas de antigas religiões pré-cristãs — em muitos casos, por força inclusive de uma política papal — foram alvo de perseguição intensa dos reformadores por serem consideradas supersticiosas e idólatras. Martinho Lutero (1483-1546) moveu uma verdadeira campanha contra a beleza pagã do Cristo já humanizado da Renascença: "Em seu esforço desesperado para se opor ao assim chamado paganismo da Roma renascentista, ele consegue degradar e diminuir ainda mais a figura de Cristo".[7] Entre os resquícios do que fora considerado sagrado na natureza pelas religiões pré-cristãs, que na natureza foi, anteriormente, considerado sagrado pelas religiões pré-cristãs no cristianismo encontravam-se diversos elementos célticos, como a lenda do Santo Graal, que os protestantes aboliram totalmente do seu cristianismo. "Imagens da Virgem e de santos e anjos foram quebradas e queimadas; vitrais e janelas foram destruídos; poços sagrados e santuários à beira de estradas foram profanados; tumbas de santos foram quebradas, seus sepulcros foram violados e suas relíquias espalhadas; peregrinações foram suprimidas; muitos ritos e cerimônias habituais foram abolidos; mosteiros e conventos foram saqueados e transformados em ruínas."[8] O espiritual deveria ser expurgado do mundo natural e deslocar-se da natureza para o interior do homem.

A Reforma promoveu o desencantamento da natureza e a separação definitiva entre o mundo material e o mundo espiritual. Dessa forma, muito contribuiu para o processo de dessacralização do mundo, preparando o terreno para o florescimento do pensamento mecanicista — que separa o conhecimento científico da espiritualidade — na ciência. O distanciamento do mundo natural carregado de espiritualidade favoreceu, de maneira efetiva, o processo de dessacralização da vida e abriu caminho para a construção de atitudes extremamente destrutivas e dissociadas em relação à natureza.

Movendo uma verdadeira perseguição à idéia de que o poder do espírito permeasse todo o mundo natural, particularmente os lugares sagrados, e de que esse poder pudesse estar presente em objetos do mundo físico, a Reforma procurou eliminar o espiritual do mundo natural. Por outro lado, com essa atitude, o movimento possibilitou um clima intelectual que favoreceu o progresso científico-tecnológico e o desenvolvimento das atividades comerciais.

As idéias de João Calvino (1509-1564) deram ensejo à concepção de um Deus racionalista, que agia segundo as leis da natureza, as quais eram perfeitamente apreensíveis pela experiência empírica. E Martinho Lutero acreditava que o homem tinha uma "vocação" ou "chamado" no mundo temporal cujo cumprimento era um dever moral. Portanto, as atividades temporais e suas recompensas materiais eram equiparadas à virtude: quanto mais o homem trabalhasse, mais estaria servindo a Deus.

A Reforma teve um aspecto ao mesmo tempo inovador e conservador. Por um lado, ela representou uma contestação do saber e do poder oficial da Igreja em favor do desenvolvimento do pensamento científico. Mas, por outro lado, se opôs às teses de Copérnico e de Galileu, representantes e arautos do novo pensamento e das mudanças conceituais. Lutero, iniciador do movimento, foi mais conservador do que Calvino, mas ambos os líderes reformistas se negaram a aceitar a nova astronomia, que contestava o pensamento escolástico da Igreja. Apesar disso, eles ajudaram a firmar o novo pensamento científico, tanto pela oposição à Igreja quanto pela valorização do trabalho, da experimentação e da ação prática e sistemática sobre a natureza.

O puritanismo de Lutero e Calvino estimulava a ação no mundo e favorecia a junção de racionalismo e empirismo, características favoráveis à investigação científica e ao desenvolvimento da ciência. A Reforma, de maneira geral, sempre valorizou a investigação científica, mas foi Calvino quem mais advogou a necessidade da pesquisa científica racional, pois via nessa prática uma forma de serviço a Deus mais elevada que a mera contemplação filosófica. Segundo sua visão, a finalidade da vida humana era pensar, trabalhar e agir sobre o mundo exterior, o que legitimou o valor do trabalho e do lucro advindo deste. Inserindo o indivíduo no mundo, Calvino afirmou o valor da individualidade sem restrições nem limitações. Ao retirar Deus do mundo e separar o espírito da matéria, a Reforma transformou a relação do homem com Deus e com a natureza e estimulou o utilitarismo, o positivismo e a revolução científica.

Influenciado pelas idéias reformistas, Francis Bacon (1561-1626), o filósofo do utilitarismo, separava a ciência da religião e defendia a exploração e a profanação da natureza não apenas como um direito, mas também como uma necessidade para o bem-estar do homem. Em *Nova Atlântida* (1624), descreveu uma espécie de utopia tecnocrata, na qual uma casta de sacerdotes da ciência decidia o que era bom para o Estado e quais os segredos da natureza que deveriam ser divulgados. O conhecimento científico teria por finalidade servir ao homem, que deveria "esforçar-se para estabelecer o poder e o domínio da raça humana sobre o universo", instaurando o que chamou de *imperium hominis*. Em *Nova Atlântida*, defendia a manipulação da natureza e dos animais por meio de experimentos científicos: "Pela arte poderemos, do mesmo modo, torná-los maiores ou mais altos do que são os indivíduos de sua espécie, e, ao contrário, torná-los anões ou paralisar o seu crescimento; poderemos torná-los mais férteis e mais produtivos que os da sua espécie, e, ao contrário, torná-los estéreis e não-produtivos. Também poderemos torná-los diferentes em cor, em forma, em atividade e em muitas outras particularidades".

Além de defender o seu método empírico com uma espécie de rancor contra a natureza — a qual, para ele, deveria ser "obrigada a servir", "escravizada" e "reduzida à obediência" —, Bacon se opôs ao poder dos mitos, vendo-os somente como parábolas, cuja finalidade era levar o homem a desenvolver o entendimento puramente racional do mundo. Em *A sabedoria dos antigos* (1609), interpretou Proteu como uma personificação da matéria e seu poder de mudar de forma, como uma potencialidade da matéria. Pã, por sua vez, representaria o arcabouço universal das coisas, ou a própria natureza.

Incorporando a concepção baconiana, a ciência usou o conhecimento com o objetivo de dominar e controlar a natureza. Com a pressuposição de que tais idéias eram "naturais", não havia problema em considerar que o mundo fosse algo feito para o homem, que todas as espécies vivas estivessem subordinadas a seus desejos e que se classificassem os animais e as plantas como comestíveis ou não-comestíveis.

Foi essa mentalidade predatória e de domínio da natureza que permeou as conquistas européias do Novo Mundo e levou à expansão e ao domínio violento e desumano dos europeus sobre os outros povos. Os povos nativos foram subjugados e escravizados, seus lugares sagrados foram profanados e sua ligação espiritual com a natureza foi vista como superstição pagã.

Transposto para a vida prática, o utilitarismo filosófico torna-se inseparável da visão materialista do mundo — só vale a pena ocupar-se daquilo que tiver interesse prático imediato. Ele molda não apenas a relação do homem com o mundo, mas também a relação do homem com o divino. Em vez da cooperação, a competição, a autoafirmação e até mesmo a agressividade é que são as atitudes mais valorizadas, tornando-se ideal de comportamento. Com a introjeção desses valores, as pessoas inconscientemente se moldam e moldam as suas relações a partir deles.

A busca do lucro acima de qualquer coisa, no entanto, revela o desamparo e a insegurança do homem diante da vida e do futuro numa sociedade tecnológica e desespiritualizada, onde o único valor é o dinheiro. Desligado do espiritual e do sagrado, que conferem significado ao mundo, o ser humano sente-se vazio e, ao ver-se num mundo sem significado, elege como único objetivo de vida a busca de segurança por meio da conquista de poder, *status* e bens materiais. A finalidade e o principal sentido da vida moldada por esse tipo de sociedade passam a ser a busca de segurança, não importa a que preço. Mas, quando o homem se aliena do significado espiritual mais profundo da vida, essa busca é em vão.

A visão materialista da ciência substituiu definitivamente a concepção do cosmo vivo pela idéia do universo como máquina. Essa idéia persiste, como hábito mental arraigado, na ciência e no mundo leigo até hoje. E um de seus maiores arquitetos e defensores foi René Descartes (1596-1650). Em 1619, descansando em Neuburg, às margens do Danúbio, Descartes diz ter tido uma experiência visionária, a partir da qual estabeleceu os alicerces filosóficos da visão mecanicista do mundo. Para ele, o universo era um grande sistema matemático de matéria em movimento. Abolida da natureza, a alma era concebida como desprovida de vida e de criatividade.

Essa teoria determinava, naturalmente, uma nova concepção do homem. Descartes inicialmente o concebeu como um autômato que possuía apenas a alma racional, localizada na região do cérebro conhecida por glândula pineal. Em seguida, chamou de mente essa alma racional e a viu distinta do corpo. A alma, agora contraposta à mente, não teria uma localização específica, pois estaria em todas as partes do corpo. Como não possuíam alma, os animais eram considerados autômatos. Assim, preservou Descartes a distinção, muito importante para o cristianismo, entre homens e animais. E, se não possuíam alma, os animais não tinham sentimentos. Descartes, que fazia experiências com animais vivos e equiparava os seus gritos e uivos a assobios hidráulicos e vibrações de máquinas, incluía-os entre as máquinas pertencentes à categoria dos fenômenos físicos.

No livro *Meditações*, Descartes elegeu como princípio fundamental de sua filosofia a máxima "penso, logo existo". A única função da mente seria pensar; todas as demais funções pertenciam ao corpo: "Percebi que, embora eu pudesse fingir que não tinha corpo, e que não havia nenhum mundo e nenhum lugar no qual eu pudesse estar, eu não poderia, a despeito de tudo isso, fingir que não existia (...). A partir disso, eu sabia que a mente era uma substância cuja essência ou natureza, em seu todo, é, simplesmente, pensar, e que não requer nenhum lugar, nem depende de nenhuma coisa material para existir. Conseqüentemente, esse 'eu' — isto é, a alma, pela qual eu sou o que sou — é inteiramente distinta do corpo, e, na verdade, mais fácil de se conhecer do que o corpo, e não deixaria de ser tudo o que é, mesmo que o corpo não existisse".[9]

Ao considerar o corpo humano, como a totalidade do mundo material, algo inteiramente mecânico, Descartes o podia explicar mecanicamente. Assim, comparou os nervos a canos de água, as cavidades cerebrais a reservatórios, os músculos a molas mecânicas e a respiração aos movimentos de um relógio. Dividindo o homem em mente e corpo, acentuou o dualismo corpo-alma já existente na filosofia. Dessa forma, desviou a atenção do conceito da alma para o estudo da mente e suas operações, pois enquanto a mente e suas funções podiam ser observadas, sobre a alma só podiam ser feitas especulações. Mente e corpo possuíam realidades absolutamente distintas.

No entanto, Descartes também apresentou uma idéia revolucionária para a época, ao afirmar que a mente e o corpo, embora distintos, interagiam: por ser dotada de percepção e de vontade, a mente poderia influenciar o corpo e vice-versa. Ele procurou primeiramente delimitar o lugar físico dessa interação — que se daria no cérebro, mais precisamente na glândula pineal ou conário — e, em seguida, a descreveu em termos mecanicistas — o movimento das essências animais nos tubos nervosos provocaria uma impressão no conário, a partir da qual a mente produziria uma sensação.

Para Descartes, a natureza se dividia em dois domínios distintos e independentes que nunca se encontrariam: o da mente (*res cogitans*), que não tem extensão nem substância e é livre, e o da matéria (*res extensa*), que tem substância, ocupa espaço e opera segundo princípios mecânicos. Posteriormente, essas idéias influenciaram sobremaneira todas as outras ciências. No sistema de pensamento cartesiano, a matéria é a realidade última, e o mundo material funciona de maneira inteiramente mecânica, de acordo com necessidades matemáticas. A percepção dos sentidos é a única fonte de conhecimento e de verdade. Descartes substitui a visão dos gregos e da Idade Média — na qual o cosmo vivo, cheio de inteligência e de sentido, é movido pelo amor divino em favor do homem — por uma em que o cosmo é como uma máquina desprovida de vida.

Na visão mecanicista, o mundo era reduzido a estes termos: se tudo tinha um funcionamento mecânico, podia ser inteiramente explicado de forma mecanicista. E, uma vez que a natureza era considerada inanimada, qualquer concepção que a visse como viva era tida como supersticiosa. No entanto, a concepção de mundo e o modelo científico de Descartes partiam de uma metafísica subjacente. O conceito de Deus estava implícito em sua filosofia: mente e corpo eram duas entidades distintas, determinadas por uma terceira substância eterna e infinita — Deus. Descartes considerava a existência de uma causa última e uma direção divina, que nos séculos seguintes seria abandonada pelos seus seguidores e levada às últimas conseqüências pelos cientistas.

Se Descartes construiu as bases teórico-filosóficas da ciência do século XVII, Isaac Newton (1642-1727) desenvolveu a formulação matemática da concepção mecanicista do mundo. Ele combinou a observação com o raciocínio dedutivo e mostrou que o universo podia ser compreendido por meio da linguagem matemática. Newton criou um novo método matemático, conhecido hoje como "cálculo diferencial", e o empregou para formular as leis exatas do movimento dos corpos sob a influência da força da gravidade. No livro *Philosophiae Naturalis Principia Mathematica* (1687), ele forneceu uma grande síntese desse método, que depois foi chamado de mecânica clássica.

Newton deu à ciência as leis do movimento e da gravidade. A lei do movimento foi revolucionária para a época, pois desafiava a autoridade reconhecida de Aristóteles. Segundo este, a tendência natural de um objeto em movimento era retornar ao estado de repouso. Newton dizia que os objetos em movimento sempre voltavam ao estado de repouso devido à fricção. A física de Newton concebia o universo como governado por leis eternas que podiam ser compreendidas racionalmente e cuja aplicação podia aumentar a influência do homem sobre o meio ambiente.

Newton era um homem espiritualizado que estava envolvido com o conhecimento esotérico de sua época. Ele estudou alquimia, astrologia e ocultismo, pois acreditava que as tradições esotéricas também traziam chaves importantes para o conhecimento da vida, e escreveu muito sobre assuntos espirituais, como as profecias de Daniel e o apocalipse de São João. Apesar de ver nas leis da natureza manifestações da perfeição de Deus, seu pensamento científico era mecanicista e servia bem aos propósitos e necessidades da época, reforçando a crença na abordagem racional e materialista. "Na concepção newtoniana, Deus criou, no princípio, as partículas materiais, as forças entre elas e as leis fundamentais do movimento. Todo o universo foi posto em movimento desse modo e continuou funcionando, desde então, como uma máquina, governada por leis imutáveis."[10]

As leis do movimento e o modelo mecânico do sistema solar concebidos por Newton forneceram o lastro científico para a visão de um mundo despido de vida. As coisas só se moviam porque obedeciam a leis fixas e imutáveis. A natureza foi desencantada. Os princípios newtonianos de tempo, espaço, matéria e causalidade impregnaram fortemente a percepção da realidade. Era difícil não pensar dentro dessas categorias. Os princípios da mecânica de Newton foram aplicados às ciências da natureza e da sociedade humana e influenciaram outros filósofos, como John Locke, cujas idéias sobre a sociedade e sobre o homem formaram a base do Iluminismo.

A ausência dos valores e dos significados espirituais anteriormente atribuídos à natureza foi determinante na geração de ações predatórias na relação do homem com o seu ambiente, com o seu semelhante e com a vida como um todo. Dentro desse novo universo conceitual, em que a natureza ou a matéria é a única responsável pela origem da vida e pelos movimentos evolutivos — que se dão, naturalmente, ao acaso —, surgiu o evolucionismo. Seguindo esse raciocínio, o homem, logicamente, também provinha de um processo evolutivo ocasional da matéria. E os deuses, por sua vez, provinham da imaginação do homem, pela projeção ideativa de seus desejos.

Reduzida à dimensão do material, a natureza pertencia ao domínio da ciência. E, se a vida era obra do acaso, a morte também deveria ser encarada como um acidente material inevitável. Conseqüentemente, a crença numa vida espiritual após a morte foi posta em dúvida. Negando a sobrevivência da consciência ou alma após a morte do corpo, o pensamento materialista via na morte o aniquilamento total e final do ser e em qualquer crença em contrário uma superstição.

Desaparece, assim, a crença na reencarnação e, com ela, a responsabilidade do homem em seu processo evolutivo. Com a anulação da crença na alma e na reencarnação, é eliminada também a base da ética, que guiou outras civilizações, como a egípcia, a hindu e a grega. Nos *Versos áureos*, Pitágoras já dizia: "Se, por causa de uma vergonhosa ignorância da imortalidade da nossa alma, um homem se convencesse de que a alma morre com o corpo, convencia-se de uma coisa que nunca pode suceder (...)". A descrença na imortalidade da alma trouxe, assim, um grande prejuízo intelectual e moral para o Ocidente: não só a vida, mas também a morte foi dessacralizada. Embora grandes pensadores continuassem aceitando a idéia, a fé dominante era a crença no progresso humano por meio da ciência e da tecnologia.

A teoria mecanicista da natureza adquiriu grande prestígio e veio influenciando todas as áreas do conhecimento até nossos dias. Mas foi muito mais longe: influenciou de forma negativa e profunda o psiquismo humano e a relação do homem com o mundo e com o outro. Impedido de manter as suas aspirações e ideais num mundo frio e despido de significado, o homem mergulhou num desespero sem remédio. Como diz o biólogo e filósofo da natureza Rupert Sheldrake, "graças ao sucesso da tecnologia, a teoria mecanicista da natureza se encontra hoje triunfante em escala global; ela está encaixada na ortodoxia oficial do progresso econômico. Tornou-se uma espécie de religião. E nos levou à crise pela qual passamos atualmente".[11]

O mecanicismo serviu de fundamentação intelectual ao desrespeito na relação do homem com os animais e com a natureza. Mas essa teoria também teve seus críticos e opositores, os quais, vendo como criminosa a concepção cartesiana dos animais como máquinas, argumentavam ser ela contrária a todas as evidências dos sentidos e da própria razão. Ao transformar o cosmo vivo dos gregos — um cosmo cheio de sentido e inteligência e movido pelo amor de Deus pelos homens — numa máquina fria, sobre a qual se tinha todo o controle e previsão, a física clássica propiciou à humanidade um avanço tecnológico e científico considerável, mas esse progresso foi unilateral e se fez acompanhar, infelizmente, do afastamento do mundo natural e da alienação da dimensão espiritual. E, em conseqüência dessa nova mentalidade, desses hábitos mecanicistas de pensamento, criou-se um preconceito em relação a tudo que parecia fugir ao controle da razão, da ciência e da tecnologia.

O homem precisava acreditar que as coisas estavam sob o controle do racional, que a ciência poderia explicar tudo, pois pensar dessa forma lhe trazia segurança. O caráter fortemente defensivo diante do desconhecido, do aparentemente inexplicável, dos chamados mistérios da vida presente na atitude racionalista explica por que o mundo espiritual passa a ser temido: ele foge à possibilidade de controle e de explicação racional.

Reforçando a mentalidade racionalista, o sucesso tecnológico e científico e o progresso econômico moldaram de forma marcante a vida consciente do homem, sem que ele disso se apercebesse. Com o desenvolvimento da ciência e o êxito tecnológico, a visão científica materialista ganhou absoluta predominância e foi determinante no modo de relacionamento do homem com a natureza e com o seu semelhante e, inclusive, com o sexo oposto. Todo esse conjunto de fatores fundou uma ética que substituiu os valores espirituais, míticos, simbólicos e psicológicos por valores ligados ao dinheiro, à busca do lucro acima de tudo e da satisfação das necessidades materiais da vida. Essa nova atitude foi denominada objetiva, em contraposição à atitude subjetiva — pejorativamente chamada de "romântica", "mística" ou "artística" —, que concebia outras necessidades humanas, além das materiais.

A ciência exigia objetividade, distanciamento, neutralidade e impessoalidade máximos do cientista diante dos fenômenos a serem investigados. A postura objetiva dos laboratórios foi transposta também para fora deles, para as relações humanas. O modelo ideal de relacionamento humano passou a ser o objetivo, impessoal, neutro, em que a ausência de emoção e o distanciamento afetivo eram as características mais valorizadas. A busca desse ideal de desprendimento científico aprofundou a separação entre os homens, entre o homem e a natureza, entre a mente e o corpo, entre a razão e a emoção, entre a objetividade e a subjetividade. Eliminados o respeito e o afeto, tanto diante da natureza quanto diante do outro, as relações assumiram um caráter extremamente predatório, competitivo e explorador — o que importava era obter lucro sempre. As relações afetivas foram substituídas por relações chamadas objetivas, de interesse, nas quais o outro só era importante na medida em que podia oferecer oportunidades de ganho monetário ou social, tornando-se, assim, relações oportunistas e ocasionais, despidas de afeto. E o ser humano passou a ser avaliado pelo que tinha a oferecer socialmente: o ter sobrepujou o ser.

Mas, à medida que se desenvolvia, a própria ciência fornecia elementos para contestação da visão mecanicista de mundo. Na área da botânica e da zoologia, por exemplo, já no século XVII a teoria mecanicista da vida foi contestada pelo vitalismo, que argumentava serem as plantas e os animais possuidores de uma alma, afirmando a existência de um princípio ou força vital irredutível a processos físico-químicos. Entre o final do século XVIII e o início do século XIX, a par do desenvolvimento da filosofia mecanicista, começou a verificar-se uma certa reação com o surgimento da filosofia romântica, que concebia a natureza como viva e espiritual. Paralelamente, foi se desenvolvendo a preocupação, por parte de cientistas de todas as áreas, em denunciar a ação destrutiva da mentalidade mecanicista sobre a natureza, assim como os prejuízos ocasionados para a humanidade.

O consenso era o de que a dessacralização gerara um mundo sem significado, uma cosmovisão dualista, materialista, mecanicista e altamente predatória. A noção do sagrado e do espiritual contém, em si mesma, um *ethos*, um sentido intrínseco de respeito e de compromisso emocional.

Embora não tenha sido filósofo, o poeta alemão Johann Wolfgang Von Goethe (1749-1832) exerceu grande influência sobre a filosofia, tanto a do século XVIII quanto a do XIX, por suas idéias em relação à natureza. Para Goethe, um estudioso das ciências naturais, sobretudo da botânica, a natureza era um grande "Todo" em evolução constante, que se manifestava de infinitas formas. Por considerar Deus uma presença eterna na natureza, ele falou do Deus-natureza.

No início do século XIX, numa retomada da idéia do cosmo vivo e espiritual, a arte e a literatura voltaram-se para a natureza em seu estado selvagem. Por ter surgido primeiro na arte, esse movimento de revalorização e de retorno à natureza permitiu aos artistas influenciar a mudança de consciência dos cientistas: retratando paisagens intocadas pela mão do homem e descrevendo regiões longínquas, de aspecto selvagem e romântico, os pintores e os poetas contribuíram para promover uma mudança de atitude, principalmente entre as pessoas cultas, que tinham acesso à arte. Elas passaram a valorizar o contato com a natureza selvagem, que então deixou de estar ligada à idéia de primitivismo para adquirir uma aura de romantismo. O pintor John Constable defendia na sua pintura o amor pela beleza das paisagens em seu estado natural, rejeitando os bem-cuidados jardins ingleses.

O contato com a natureza revestiu-se, além disso, de um caráter de regeneração da saúde física, psíquica e espiritual. O filósofo John Stuart Mill, um de seus defensores, dizia que o contato com a grandeza e a beleza da natureza inspirava pensamentos e anseios benéficos tanto para o indivíduo quanto para a sociedade. A revalorização da natureza originou ainda um outro tipo de sentimento: a rejeição à interferência humana agressiva no mundo silvestre. Sendo investida de tantas qualidades, a natureza precisava ser preservada para o bem do próprio homem. Surgem assim os primeiros sentimentos ecológicos, e o conflito entre o desenvolvimento econômico e a preservação da natureza começa a gerar mal-estar.

Consciência e sentimento de amor pela natureza semelhantes surgiram nos Estados Unidos, também sob influência de movimentos literários e artísticos. Nesse país, o poeta mais influente foi Ralph Waldo Emerson, que via na natureza o mesmo espírito vivo presente no corpo humano. Era essencial ao homem reconhecer essa identidade, pois ela mudaria sua forma de relação com o mundo natural, tornando-a mais harmoniosa. No ensaio *Nature*, ele mostra uma nova forma de relacionamento espiritual do homem com o mundo que o cerca: "(...) Nos bosques, está a perpétua juventude. No seio dessas plantações de Deus, reina a decência e a santidade, um perene festival está em preparação, e o convidado não vê como poderia cansar-se delas em mil anos. Nos bosques recuperamos a razão e a fé. Neles, sinto que nada de adverso poderia me acontecer na vida — nenhuma desgraça, nenhuma calamidade (contanto que me deixem os olhos) — que a natureza não seja capaz de reparar. De pé sobre o chão liso (...) as correntes do Ser Universal circulam através de mim; sou uma parte, uma parcela de Deus".[12] Henry David Thoreau foi um dos primeiros poetas a profetizar o perigo que ameaçava o homem se não procurasse manter uma relação de harmonia com a natureza, já preconizando a atual preocupação com a devastação dos recursos naturais e o conflito entre o desenvolvimento econômico e o respeito à natureza.

Outro porta-voz dessas idéias foi o poeta inglês Wordsworth, cujo trabalho influenciou diversos cientistas e muito contribuiu para o reconhecimento da essência da divindade presente na natureza. Wordsworth sentia na natureza uma presença espiritual invisível, com a qual entrava em profunda comunhão.

Walt Whitman (1819-1892), dando expressão a profundos sentimentos de ligação espiritual com a natureza, exerceu grande influência nos meios intelectuais de sua época. Em *Folhas de relva*, ele diz:

Alguém estava pedindo para ver a alma?
Veja sua própria forma e seu semblante,
pessoas, bichos, plantas,
os rios de águas correntes,
as pedras e as areias.

Todos contêm alegrias espirituais e logo em seguida a liberam;
como poderá o corpo real vir a morrer e ser enterrado?
Nosso corpo real, e o corpo real de qualquer homem ou mulher,
há de driblar as mãos dos limpadores de cadáveres
e passar às suas esferas apropriadas,
carregando aquilo que lhe foi acrescentado a partir do
momento do nascimento até o momento da morte (...)

A vivência poética e mística desses artistas que amavam a natureza foi uma fonte de inspiração para a ciência e deu origem aos germes de uma futura consciência cósmico-ecológica que, vendo no mundo uma totalidade, incluiria a preocupação com o destino do planeta. Eles perceberam que a dessacralização da natureza afetava a relação do homem com o cosmo e com o Espírito. Esse percurso era necessário à construção da consciência que vê uma ligação essencial entre espiritualidade e ecologia. A espiritualidade é a percepção profunda da nossa ligação com o cosmo como um todo. Hoje em dia, é evidente que o excesso de racionalidade científica e tecnológica levou a atitudes profundamente antiecológicas.

Apesar do sucesso da teoria e dos valores mecanicistas e racionalistas, desde o final do século XVIII começou a ocorrer também uma espécie de renascimento do espiritual, a ponto de, no século XIX, os aspectos fantásticos e mágicos da vida voltarem a suscitar grande interesse na Europa. Na Alemanha, Ernst Amadeus Hoffman escreveu contos fantásticos — mais tarde citados por Sigmund Freud e C. G. Jung — que foram muito lidos, Richard Wagner exaltou o Graal místico para deleite de grande público e Nietzsche deixou perplexos os seus contemporâneos com seu desprezo pelo cristianismo degenerado. Na Inglaterra, Matthew Gregory Lewis causou sensação com o romance *O monge*.

Na França, Éliphas Lévi, tratando o estudo do esoterismo de forma científica, escreveu cerca de duzentos livros sobre os mais variados assuntos, entre os quais a cabala e o tarô, cuja inter-relação foi ele o primeiro a mostrar. Houve um renascimento do interesse pelo esoterismo e, tanto na França, quanto na Inglaterra, formaram-se numerosos grupos de estudo dedicados a esses assuntos.

Entre o final do século XVIII e o início do século XIX, verificou-se uma gradual recuperação de documentos gnósticos originais, entre os quais os códices Akmin, Askew, Berlin e Bruce. O fato despertou grande interesse por parte de artistas que, como William Blake, foram chamados de "gnósticos". Em 1877, Madame Blavatsky publicou *Ísis sem véu*,* obra que contém muitas afirmações acerca de

---

* Publicado pela Editora Pensamento, São Paulo, 1990.

princípios gnósticos, e, em 1888, *A doutrina secreta*,* levando ao público o conhecimento esotérico oriental. Nesse trabalho, em que mostra a equivalência das doutrinas orientais, gnósticas, herméticas e cabalistas, Blavatsky fez a síntese entre o conhecimento do Oriente e o do Ocidente. Ainda que de forma velada, seu pensamento teosófico exerceu uma influência que se estende até nosso século sobre várias áreas do conhecimento. No livro *Civilização em transição*, Jung classificou a teosofia de Madame Blavatsky como uma manifestação do gnosticismo. A sucessora de Blavatsky foi Annie Besant, a qual, juntamente com seu secretário, o ex-pastor anglicano Leadbeater, se dedicou ao estudo do budismo e da filosofia hindu e teve grande influência em sua divulgação no Ocidente.

No final do século XIX, vários antigos segredos maçônicos e geomânticos foram divulgados com a publicação dos livros de W. R. Lethaby, *Arquitetura, misticismo e mito*, e William Stirling, *O cânon*, que mostravam as ligações entre a arquitetura antiga e a revelação mágica e espiritual. No início do século XX, artistas adeptos da teosofia tentavam criar uma nova ordem baseados na sabedoria antiga. A teosofia exerceu uma grande influência sobre o trabalho de Rudolf Steiner e sobre o movimento de arte e arquitetura do De Stijl, grupo cujos conceitos baseavam-se, além de em princípios da metafísica e da ordem geométrica, na obra de Espinosa, filósofo que acreditava que os objetos e as almas individuais não estão totalmente separados, mas são aspectos integrais do ser divino.

Os líderes do De Stijl, o arquiteto Theo van Doesburg e o pintor Piet Mondrian, declararam que seu objetivo era a recriação da harmonia universal. Mas o grupo não deixou de ser influenciado pelo puritanismo calvinista e pelo puritanismo presente na obra de Espinosa, pois para seus representantes toda emoção rompia o equilíbrio. Assim, esforçavam-se para que, por meio da geometria sem adornos, as exigências mundanas fossem transcendidas e o equilí-

---

* Publicado pela Editora Pensamento, São Paulo, 1980.

brio fosse recuperado. A linha e o ângulo reto eram determinantes na obra do De Stijl: "(...) é o espírito humano, a racionalidade humana, o que triunfa sobre a volubilidade da natureza".[13]

O grupo De Stijl veio encarnar e traduzir na arte as necessidades, as contradições e os conflitos do final do século XIX e do início do século XX, principalmente a necessidade de ressurgimento de uma dimensão espiritual que incluísse o respeito pela natureza. Esses artistas almejavam a vivência do espiritual por meio de um misticismo matemático e racional. Na busca da essência subjacente às aparências, da harmonia oculta das relações, eles eliminaram de sua arte todo objeto visível e sensual, limitando-se à representação e à expressão circunscritas ao rigor geométrico e matemático. Embora impregnada de uma mentalidade puritana, a busca do De Stijl era espiritual, pois o que importava ao grupo era a visão da totalidade, da harmonia universal que se situava além da visão fragmentária do mundo.

No início do século XX, a descoberta e a tradução dos textos gnósticos de Nag Hammadi levaram ao renascimento do gnosticismo na França e atraíram muitos artistas e escritores. Esses documentos atestavam uma concepção de divindade que permeava toda a natureza, na qual o espírito de Deus encontrava-se presente na matéria. No papiro Oxirinco, um fragmento do Evangelho de Tomé, Jesus diz: "Levantai a pedra e vós Me encontrareis; rachai a madeira e Eu estarei lá". As pessoas ligadas ao gnosticismo amavam a natureza porque sentiam que Deus vivia nela.

É cada vez mais unânime a opinião de que o homem teve de pagar um preço demasiado alto pelo desenvolvimento científico, tecnológico e industrial. A forma que assumiu esse desenvolvimento o levou a um distanciamento da natureza e a uma perda da conexão com as fontes espirituais. O sentimento espiritual de pertencer ao cosmo foi substituído pela negação de Deus e pela falta de significado. Apesar de importantes reações ao longo destes trezentos anos, a radical visão mecanicista continua a influenciar a concepção ocidental do mundo e do homem. Além disso, ela determina a forma como o homem se relaciona com o mundo e com o outro.

A consciência coletiva está tão impregnada da visão cartesiano-newtoniana que esta, ainda hoje, permeia os aspectos mais corriqueiros e cotidianos da vida do homem ocidental. Não obstante, o antigo vigor do materialismo e do mecanicismo está definhando, dando lugar ao nascer de uma nova consciência espiritual voltada para a valorização e a recuperação do lado sagrado da vida. Essa nova consciência está sintetizada no paradigma holístico.

Capítulo 2

Um mundo fragmentado

O afastamento do homem da natureza e do sentimento de sagrado que ela inspira foi uma das conseqüências da separação entre a ciência e a espiritualidade. O surgimento da concepção mecanicista do universo como uma grande máquina determinou a predominância da visão racional, que em si mesma é fragmentadora, sobre a visão intuitiva e espiritual, que é sintetizadora e holística. Empregada de forma unilateral, a abordagem racional, analítica e classificatória tendeu, naturalmente, a criar mais fragmentação — o que culminou na separação entre as várias áreas do conhecimento, que passaram a ser vistas como realidades incompatíveis e essencialmente inconciliáveis. O homem moderno vive num mundo dividido, recortado, no qual a ciência, a tecnologia, a arte e o trabalho são colocados em compartimentos isolados chamados de especialidades. "É claro que a tendência, predominante na ciência, para pensar e perceber em termos de uma visão pessoal de mundo fragmentária faz parte de um movimento maior que se tem desenvolvido ao longo das eras e que hoje permeia quase toda a nossa sociedade; mas, por sua vez, um tal modo de pensar e de observar, presente na pesquisa científica, tende muito acentuadamente a reforçar a abordagem geral fragmentária (...)."[1]

A tendência do homem ocidental moderno para a divisão da realidade e de si mesmo é oriunda da supervalorização da mentalidade voltada para a mensuração e a categorização científicas. À medida que a ciência adquiria cada vez mais autoridade e prestígio, essa concepção dualística da realidade — que estabelece uma clivagem psíquica, uma oposição inconciliável entre as polaridades — ampliou-se enormemente e ganhou legitimidade na consciência ocidental.

Ao adotar uma orientação racionalista e mecanicista, a ciência ocidental influenciou muito mais a visão de mundo do que a religião, embora tenha havido muitos cientistas preocupados em corrigir essa distorção. "Guiado por uma visão pessoal de mundo fragmentária, o homem então age no sentido de fracionar a si mesmo e ao mundo de tal sorte que tudo parece corresponder ao seu modo de pensar. Ele assim obtém uma prova aparente de que é correta a sua visão de mundo fragmentária, embora, é claro, negligencie o fato de que é ele próprio, agindo de acordo com o seu modo de pensar, a causa da fragmentação que agora parece ter uma existência autônoma, independente da sua vontade e do seu desejo."[2]

Essa fragmentação ampliou-se de tal maneira que abarca a sociedade e a percepção que o homem tem de si mesmo, criando uma forma confusa de pensar, de sentir e de se relacionar. O próprio homem se fragmentou, dividido entre corpo e mente, entre sentimento e razão — os quais, conforme a visão mecanicista, não têm nenhuma relação entre si e são entidades separadas, com funcionamento independente e autônomo. "Biologicamente, não existe o menor fundamento para essa dissociação ou ruptura radical entre mente e corpo, psique e soma, ego e carne, mas psicologicamente ela é epidêmica. Na verdade a ruptura mente-corpo e o conseqüente dualismo é uma perspectiva fundamental da civilização ocidental."[3] Esse tipo de funcionamento da consciência racional guia-se por regras bem diferentes das que regem o mundo real e elege parâmetros que dizem o que se deve aceitar ou rejeitar.

No estado a que atualmente chegamos no Ocidente, a percepção que o homem tem de si mesmo e do mundo, moldada pelo modelo cartesiano racionalista, é esquizofrênica e esquizofrenizante. O homem ocidental adotou o racionalismo como único modelo e meta, mas chegou a ponto de transformar a sua própria vida numa completa irracionalidade. A divisão entre o afeto e a razão, entre o psíquico e o somático e entre o material e o espiritual traz a automatização do comportamento, o embotamento da vida afetiva e criativa e a alienação de si mesmo, do outro e da natureza. Em tais condições, o indivíduo encontra-se num estado de incapacidade generalizada de experimentar afeto e prazer pela vida e, como conseqüência, desenvolve ansiedade, depressão e desespero. O homem ocidental sente-se tão desconfortavelmente dividido na sua concepção fragmentada do universo e de si mesmo que termina por afetar a sua própria integridade psíquica. Ao ver-se preso na visão de mundo e nos preconceitos que criou, o indivíduo se debate em seu dualismo sem encontrar nenhum meio de conciliação.

Na filosofia budista, essa percepção fragmentada do mundo é denominada *avidya*, ignorância, e considerada como o estado — que necessita ser superado — de uma mente perturbada e doente. Por basear-se no falso saber, a *avidya* gera o senso de separação e faz com que se tome como real o ilusório, o aparente, o sensorial. Segundo o budismo, quando a mente está perturbada, produz a multiplicidade das coisas; quando está serena, a multiplicidade desaparece e surgem a unidade e a harmonia. A finalidade das terapias orientais é a busca da perfeita harmonia entre o físico, o mental e o espiritual. Na cultura ocidental, o homem é visto de forma fragmentada, entre o físico, o mental e o espiritual.

A finalidade das práticas orientais espirituais é superar a ilusão dos opostos, ampliar a visão para além dessa ilusão e libertar a mente. A liberdade não está nem na escolha de um nem na junção dos elementos dos pares de opostos, mas na superação da própria noção de oposição. Como diz o poeta Seng-Tsan:

Um em todos
todos em um (...).
Se compreendesses isso,
deixarias de te preocupar por não ser perfeito (...).

*A mente que crê não está dividida
e indivisa é a mente que crê
e aqui é onde falham as palavras
porque não pertence ao passado,
ao futuro nem ao presente.*

O que no Oriente é considerado doentio, no Ocidente terminou sendo aceito como forma natural de perceber, sentir e relacionar-se com o mundo. Há entre ambos uma grande diferença na forma de percepção e de relação com as coisas. A desespiritualização, o dualismo e o alheamento do homem ocidental diante da natureza são incompreensíveis para um oriental, que se sente tão espiritualmente ligado à natureza como se dela fizesse parte.

Para o pensamento oriental, a realidade é não-dual; ela está livre dos opostos porque estes representam aspectos de uma única realidade subjacente. Essa idéia de unidade faz parte da essência do hinduísmo *advaita* e do budismo *mahayana*. "E, dessa forma, quanto maior for o senso de separação da natureza, maior será a necessidade de retornar. A natureza tem vários significados e inspira diferentes tentativas de retorno."[4] A principal característica da visão oriental é a concepção da unidade e da inter-relação de todas as coisas. O cosmo é visto como uma realidade indivisível, viva, orgânica, espiritual e, ao mesmo tempo, material e dinâmica. As tradições orientais sempre se referiram à realidade da totalidade presente em todas as coisas, da qual todas as coisas são parte. No budismo, essa realidade é chamada de *dharmakaya*; no taoísmo, de *tao*, e no hinduísmo, de *brahman*.

Segundo o *Flower Garland Sutra*, cada parte da realidade física é constituída de todas as demais partes e forma a Rede de *Indra*:

No céu de *Indra*, dizem que há uma rede de pérolas, disposta de tal modo que ao olhar para uma delas se vêem todas as outras refletidas nela. Da mesma forma, cada objeto no mundo não é somente ele mesmo, senão que envolve qualquer outro objeto e, de fato, tudo mais.

Como diz o poeta chinês Yung-chia Ta-shih:

*Uma só Natureza, perfeita e penetrante, circula
em todas as naturezas,
uma só Realidade, que compreende todas as coisas,
contém dentro de si mesma todas as realidades.
A Lua única reflete-se onde quer que haja um lençol
de água,
e todas as luas nas águas estão abraçadas no seio da
Lua única.
O corpo do Dharma (o Absoluto) de todos os Budas
entra no meu ser.
E o meu ser se encontra em união com o Deles (...).
A Luz Interior, além do louvor e da censura,
como o espaço, não conhece limites.
E, no entanto, está aqui mesmo, em nós, guardando
para sempre sua serenidade e plenitude.
Somente quando a persegues é que a perdes;
não podes agarrá-la, mas tampouco podes livrar-te dela;
e enquanto não podes fazer nem uma coisa nem outra,
ela segue o seu próprio caminho.
Permaneces calado, e ela fala; falas e ela continua muda;
o grande portão da caridade está escancarado, sem
nenhum obstáculo diante dele.*

 O estado de fragmentação e divisão do homem ocidental, por outro lado, provoca um grande desconforto psíquico e o desejo inconsciente de retorno a uma visão de totalidade que cure a cisão e o estado de fragmentação em que se habituou a viver. Como diz Fritjof Capra, as religiões orientais repentinamente adquiriram grande prestígio no Ocidente devido a sua visão mais orgânica, ecológica e holística, o que demonstra que o homem busca outras formas de percepção e de relação com a vida.
 A visão dualista cartesiana que distingue espírito de matéria impôs-se a todo o pensamento ocidental e determinou uma forte oposi-

ção entre a ciência e a espiritualidade. Essa separação — hoje tão arraigada na consciência coletiva que chega a parecer natural — determina a flagrante disparidade entre o desenvolvimento intelectual e tecnológico e o desenvolvimento espiritual no Ocidente. Se, por um lado, o desenvolvimento da ciência alcançou um nível muito alto, por outro, o conhecimento espiritual ficou relegado ao subdesenvolvimento porque foi menosprezado em favor do conhecimento racional e científico. A abordagem valorizada é a racional-científica, pois parece ser a verdadeira, a que exclui a possibilidade de erro e pode ser comprovada, ao passo que a abordagem intuitiva, afetiva e espiritual pode levar a todos os enganos. O homem ocidental costuma pôr em dúvida a sua própria percepção quando ela se dá pelos canais do afeto e da intuição — já não confia no que sente e no que intui.

O espírito foi destronado e esquecido e todo o conhecimento das antigas tradições foi corrompido e desprezado. A consciência ocidental desenvolveu-se tomando a direção unilateral do racionalismo, mas um racionalismo desalmado que se pretende científico. As diferenças entre o Ocidente e o Oriente são extremamente marcantes nesse sentido. Em *Zen-budismo e psicanálise*, T. D. Suzuki ressalta essas diferenças por meio de dois poetas, um oriental, Bashô, e um ocidental, Tennyson. O haikai de Bashô diz:

Quando olho atentamente
Vejo florir a nazuma *ao pé da sebe!*
Kaná.

E o poema de Tennyson:

Flor no muro arruinado,
Eu te arranco das fendas;
Seguro-te aqui, com raiz e tudo,
　　nas minhas mãos,

Pequenina flor,
Mas, se eu pudesse entender
O que és, com raiz e tudo,
Tudo em tudo,
Eu entenderia Deus e os homens.

A atitude espiritual de Bashô e a atitude científica de Tennyson diante da flor, características de dois tipos distintos de consciência, revelam as diferenças na relação com a natureza entre o Oriente e o Ocidente. Nos dois poetas, existe o desejo de busca de entendimento da vida e da natureza; o que distancia um do outro é a forma pela qual esse entendimento é buscado e vivido. Unido à natureza, Bashô se aproxima da pequenina flor com respeito e reverência para contemplá-la, deixando que ela lhe revele o mistério da vida e do ser. Repentinamente, o poeta é iluminado pelo conhecimento profundo que a flor lhe transmite. Tudo isso é dito por meio da expressão japonesa *kaná*, presente no final do *haikai*, que envolve um sentimento que mistura alegria, surpresa, admiração, entendimento e êxtase. Embora seja uma expressão difícil de traduzir, *kaná* pode ser traduzida com alguma proximidade para o português pelo ponto de exclamação. Há no poema de Bashô a plenitude da realização inesperada e do êxtase que se processam por meio do conhecimento intuitivo, total e completo.

A atitude agressiva e distante de Tennyson, típica da mentalidade analítica e científica ocidental, se opõe à atitude espiritual de ligação harmoniosa com a natureza demonstrada por Bashô. Tennyson colhe a flor "com raiz e tudo" e a mata, separando-a do ambiente a que ela pertence para entendê-la. A sua atitude de distanciamento objetivo possui uma qualidade agressiva; nela não há simpatia nem empatia com o objeto de estudo ou com a natureza. O que ele quer conhecer já não é, já não tem vida: não há mais flor – o que existe é uma memória do que foi, silenciada pela posse e pelo domínio. O significado se lhe escapou, perdeu-se-lhe diante de sua atitude racional e predatória de controle. O que resta ao poeta é a frustração, o desânimo e o sentimento de impossibilidade de conhecer.

O Ocidente, hipertrofiado no pensar e ensandecido pelo poder da razão, exige o ataque e o controle do universo para decifrá-lo. No poema de Tennyson, dualismo e dicotomia estão presentes o tempo todo; o poeta e a natureza estão cindidos num distanciamento radical. Esse modelo de relacionamento impede o verdadeiro conhecimento. O que Suzuki mostra por meio dos poemas são dois tipos de consciência característicos de modos diversos de relação com o mundo, próprios do homem oriental e do homem ocidental, respectivamente. Mas o ocidental poderá superar essa unilateralização racionalista da consciência se enriquecer sua experiência perceptiva com o acréscimo da visão intuitiva e espiritual.

Em todas as épocas, alguns artistas e teóricos ocidentais importantes tiveram uma visão intuitiva e unitária da vida. No entanto, foram raros e constituem muito mais a exceção que a regra. Pensadores e artistas como William Blake, William James, Ralph Waldo Emerson, Henry Thoreau, Walt Whitman, Bronson Alcott, Margareth Fuller, Alan Watts e Wordsworth, para citar alguns, se rebelaram contra o excesso de racionalismo e contra o árido intelectualismo dominante na visão ocidental de mundo. William James já dizia: "Nossa consciência vígil, normal, a consciência racional, como a chamamos, é apenas um tipo especial de consciência, enquanto que em todo seu redor, separadas dela pela mais tênue das cortinas, situam-se formas potenciais de consciência inteiramente diferentes".[5]

Em um de seus poemas, Henry Thoreau descreve sua forma de apreensão, que vai além dos sentidos e da percepção imediata:

Eu ouço além do campo do som,
Eu vejo além do campo da visão,
Novas terras, céus e oceanos ao seu redor,
E no meu dia o sol empalideceu a sua luz.

Para Alan Watts, o maior arauto da necessidade de junção entre o Oriente e o Ocidente, em sua dualidade intelectual, a civilização ocidental provocou uma dissociação muito grande em todos os níveis. Aos 20 anos de idade, ele escreveu o seu primeiro livro, chamado *O espírito do zen*,* que representou o marco da introdução do zen no Ocidente. Segundo Watts, "a finalidade do Zen é focalizar a atenção na própria realidade, em vez de dirigi-la para as reações intelectuais e emocionais à realidade. Essa realidade é aquilo que está sempre mudando, que está sempre crescendo, algo indefinível chamado vida, que nunca cessará por um momento que seja para nós, a fim de que a encaixemos satisfatoriamente num rígido sistema de classificação de idéias".[6] Em sua vida e obra, Watts sempre buscou fazer a união harmônica do Oriente com o Ocidente. Mas, para ele, o significado dessa união estava, não em negar a própria identidade cultural, mas em poder integrar harmoniosamente em si a contribuição do outro, fazendo um casamento feliz. Em seus livros, alertava os leitores contra a imitação superficial dos orientais, contra as atitudes exteriores que não correspondem a uma verdadeira mudança interior. Watts foi quem primeiro mostrou uma equivalência entre as técnicas budistas de autoconhecimento e transformação e as modernas psicoterapias ocidentais, pois tanto umas quanto outras buscam, a partir da conscientização de estados interiores e exteriores e da lei de causa e efeito que os determina, alcançar um estado de consciência ampliada sobre si mesmo e sobre o universo.

Para William Blake, o inimigo da visão total era a separação entre o poder de raciocínio — que abafa os sentimentos, a espontaneidade e a arte — e a imaginação:

Ver o Mundo num grão de areia,
E o Céu numa flor silvestre,
Prender o Infinito na palma da mão,
E a Eternidade em uma hora.

---
* Publicado pela Editora Cultrix, São Paulo, 1988.

Quando se tira a água com as mãos em concha,
A lua se reflete nelas;
Quando se seguram flores,
O perfume penetra o manto.

Preocupado com a questão da dualidade entre o corpo e o espírito conforme divulgada pelas religiões, Blake queria mostrar a continuidade que havia entre ambos. Em *O casamento do céu e do inferno*, ele diz:

"Todas as Bíblias e códigos sagrados têm sido causas dos seguintes erros:

1. Que o Homem possui dois princípios reais, a saber, um Corpo e uma Alma.
2. Que a energia chamada Mal provém somente do Corpo e que a Razão chamada Bem provém somente da Alma.
3. Que Deus atormentará o homem na Eternidade por seguir suas energias.

Mas os seguintes contrários a esses são verdades:

1. O homem não tem um Corpo distinto de sua Alma, pois aquilo que se chama Corpo é a sua porção da Alma discernida pelos cinco sentidos, os principais pórticos da Alma nesta era.
2. A energia é única vida e provém do Corpo, e a Razão é o limite ou circunferência externa da Energia.
3. Energia é Deleite Eterno."

Todos esses artistas e escritores buscavam em sua obra uma percepção que transcendesse a simples apreensão sensorial, material e concreta e que pudesse atingir um significado simbólico e espiritual superior, pois sentiam que só dessa forma a experiência poderia surgir transfigurada.

No romance *Obermann*, Sénancour relata esse tipo de percepção, quando esbarra diante de um junquilho: "Foi a mais vigorosa expressão de desejo: era o primeiro perfume do ano. Senti toda a felicidade destinada ao homem. Esta indizível harmonia das almas, o fantasma do mundo ideal, surgiu em mim completa. Nunca senti coisa alguma tão grande e tão instantânea. Não sei que forma, que analogia, que segredo de relação me fez ver nessa flor uma beleza sem limites (...)".[7] A percepção do artista transcendeu o objeto concreto, a flor. Por meio do dado sensorial, ele teve a intuição simbólica da plenitude espiritual, o que corresponde à visão mística.

Em *Canto a mim mesmo*, Walt Whitman exalta a liberdade da alma, a percepção anímica que deve prevalecer sobre qualquer outro tipo de percepção, o inter-relacionamento entre o ego e a alma e a fraternidade entre todos os homens e Deus:

Creio em você, minha alma:
o outro que eu sou não deve rebaixar-se a você,
nem você deve rebaixar-se ao outro.

Folgue comigo na grama,
afrouxe o nó da garganta,
nem palavras nem música nem rimas
estou querendo,
nem costume nem lição,
por melhor que seja:
eu gosto é do acalanto
do murmúrio valvar da tua voz.

Lembro-me como uma vez nos espichamos
numa certa manhã de verão transparente,
como forçaste a cabeça nos meus quadris
e me rasgaste a camisa no osso do peito
e enfiaste a língua em meu coração nu
e fostes assim até tocar-me a barba
e fostes assim até tocar-me os pés.

Docemente cresceu e se espalhou
em torno de mim a paz-sabedoria

além de todo argumento da terra,
e eu sei que a mão de Deus
é promessa da minha,
e eu sei que o espírito de Deus
é irmão do meu,
e que todos os homens já nascidos
são também meus irmãos

— e as mulheres, irmãs e amantes minhas —
e que o esteio da criação é o amor
e ilimitadas são as folhas secas
ou caídas nos campos,
e as formigas castanhas
nos buraquinhos por debaixo delas,
e as cicatrizes dos líquens
nos mourões tortos da cercas,
pilhas de pedras, flores
silvestres, musgos e espinhos.

O grande legado do Ocidente é o desenvolvimento da ciência e da tecnologia. E a grande contribuição do Oriente é a visão de mundo profunda e complexa do seu sistema místico, cujas refinadas técnicas de desenvolvimento e ampliação da consciência promovem a autotransformação e a evolução. No pensamento oriental, a evolução pressupõe um *continuum* entre matéria-vida-consciência. Toda a natureza está em evolução, cujo ápice — a evolução da consciência — é um processo que compete ao homem. O desenvolvimento harmonioso e ideal do homem estaria na possibilidade de união entre as duas polaridades, entre as duas formas de funcionamento.

Em 1950, após exaustivas pesquisas, o neurofisiologista Roger Sperry, do Instituto de Tecnologia da Califórnia, provou que os dois hemisférios do cérebro realmente possuem funções distintas no que se refere ao comando das emoções e da percepção. Além disso, ele chamou a atenção para a área da experiência subjetiva, cuja importância havia sido negligenciada. Para Sperry, a descoberta exigia uma reformulação do conceito da relação mente-cérebro que, por sua vez, pressupunha uma absoluta ruptura com as doutrinas materialistas e comportamentalistas que por tanto tempo dominaram a neurociência.

Em 1973, Joseph E. Bogen sistematizou as observações neurológicas que sugeriam o funcionamento dual dos hemisférios do cérebro e Robert E. Ornstein descreveu os dois tipos de consciência e percepção aparentemente ligados a eles. Hoje, depois dessas e outras pesquisas em neurofisiologia experimental, já se sabe que, embora o cérebro funcione de maneira integrada, os dois hemisférios possuem funções distintas e especializadas, trabalhando como centros complementares de consciência: o hemisfério esquerdo do cérebro é responsável pelo funcionamento cognitivo verbal, pelo uso da abstração, classificação e comparação e pelo raciocínio lógico, formal, linear e analítico; o hemisfério direito do cérebro responde pela apreensão global, abstrata, e funciona de forma intuitiva, pela captação e associação de imagens, padrões, melodias, sentidos poéticos e aspectos sutis e inconscientes.

Os estudos concluíram que o homem ocidental trabalha com o lado esquerdo do cérebro e o homem oriental, com o lado direito. Mas, como a educação no Ocidente privilegiou e reforçou as funções do hemisfério esquerdo em detrimento das funções do direito, é necessário promover a união dos dois modos de funcionamento, como mostrou o neurologista Roger Sperry, para obter uma percepção mais profunda e abrangente: "(...) o hemisfério esquerdo do neocórtex representa nosso Ocidente interior, e o direito, nosso Oriente interior. Ocidente e Oriente representam, essencialmente, estados de consciência que são complementares".[8]

Ao adotar a abordagem racionalista — que, com a finalidade de conhecer, recorre ao domínio e ao controle em prejuízo da percepção –, o Ocidente tomou o rumo da unilateralização na sua relação com o mundo. O homem ocidental se relaciona com a vida de uma forma excessivamente concreta e pragmática, que exclui o significado simbólico e espiritual. Essa postura, que está na origem da separação entre ciência e espiritualidade, foi prejudicial ao desenvolvimento não só da própria ciência, mas também da espiritualidade. A separação entre o científico e o espiritual torna o homem um ser cindido, cujo conhecimento da vida é incompleto. Desvalorizada e isolada das demais áreas do conhecimento, confinada às religiões institucionalizadas ou relegada à marginalidade, a espiritualidade se reduziu ao nível do pensamento subdesenvolvido e inferior e passou a ser vivida de forma dissociada, primitiva, consumista ou oportunista — o que dá margem ao surgimento de fanatismos e seitas e contribui para que ela seja vista com pouca seriedade.

Sob a influência do sistema cartesiano de pensamento, ficou estabelecido que o verdadeiro conhecimento era o científico, isto é, o que provinha de tudo aquilo que pudesse ser medido e quantificado. Tudo que fugisse a essa regra não era científico e, portanto, não tinha valor. Daí se concluía que, sendo cultas e inteligentes, as pessoas deveriam pensar cientificamente. Assim, a compreensão espiritual da vida, não-científica, foi desvalorizada e vista com preconceitos, como um modo de pensamento próprio das pessoas incultas, estultas e supersticiosas.

Salvo algumas exceções — como, por exemplo, as de Tomás de Aquino, Jacques Maritain, Teilhard de Chardin, William James, Paul Le Cour, René Guenón e J. Krishnamurti —, as concepções espirituais de grandes pensadores e filósofos raramente foram levadas a sério. A ciência ocupou o lugar da religião e as suas verdades passaram a ser reverenciadas como dogmas. Dentro desse contexto, em que a dimensão espiritual da vida não podia ser compartilhada, a espiritualidade passou a ser vivida com vergonha e até escondida. Muitas pessoas ocultaram suas visões, percepções ou experiências espirituais, com receio de ser confundidas com fanáticos, visionários ou mesmo loucos.

Com o tempo, as religiões oficiais foram adotando uma visão laica, ligada ao mundo profano, visível na atuação de seus representantes, a qual mostra uma preocupação muito maior com o aspecto social e político do que com o aspecto transcendente e sagrado.

Mesmo assim, as práticas espirituais das religiões institucionalizadas — ainda que mecânicas e destituídas de significado transcendente — são como parênteses na vida das pessoas. Essas religiões têm contribuído muito pouco para a vivência do lado espiritual como elemento transformador, pois não fornecem instrumentos simbólicos que permitam a seus praticantes uma mudança na concepção de mundo. Sem tais instrumentos — determinantes de uma auto-reflexão e de uma práxis que levam ao autoconhecimento e à autotransformação — pouco poderá ser feito. "No plano religioso, as tradições que poderiam mostrar ao homem o significado de sua existência no mundo e de seu papel na Terra foram igualmente fragmentadas e institucionalizadas em agrupamentos e seitas freqüentemente muito distanciados do espírito universal e aberto de seus criadores. As guerras religiosas estão aí para nos mostrar até que ponto as tradições se deterioraram."[9]

Da mesma forma, a ciência ocidental — dominada pelo pensamento racionalista e desligada da sabedoria espiritual e intuitiva — tornou-se, com o passar do tempo, estéril e desumanizada. Segundo René Guénon, "querendo separar radicalmente as ciências de qualquer princípio superior, sob o pretexto de assegurar a sua independência, a concepção moderna retira-lhes toda a significação profunda e mesmo todo o verdadeiro interesse, do ponto de vista do conhecimento, e só pode conduzir a um impasse, visto que se encerra num domínio irremediavelmente limitado".[10] O resultado é que as pessoas mais sensíveis, intuitivas e ligadas à espiritualidade criaram uma oposição à ciência, o que pode levar à negação de uma importante via de conhecimento do homem. O pensamento no Ocidente se caracterizou pela exclusão — "ou-ou". Assim, é difícil fazer a junção entre ciência e espiritualidade: porque parecem excludentes, opta-se ou por uma visão ou pela outra.

A separação entre o mundo natural e o mundo espiritual levou à dessacralização da natureza e ao relacionamento predatório do homem com o meio ambiente. O desrespeito à natureza, por sua vez, também determinou a relação predatória com o outro, o que assumiu nos dias atuais um caráter assustadoramente destrutivo. As limitações da visão cartesiana de mundo e dos valores nos quais ela se alicerça são responsáveis pela criação de um mundo doentio e de um ser humano infeliz e enfermo: "A aceitação do ponto de vista cartesiano como verdade absoluta e do método de Descartes como o único meio válido para se chegar ao conhecimento desempenhou um importante papel na instauração de nosso atual desequilíbrio cultural".[11]

Para sair dessa condição de enfermidade psíquica e social é necessário empreender não só uma mudança de consciência, mas a construção de uma nova consciência, que recupere a dimensão espiritual da vida e a ligue à ciência. Já há algum tempo, é justamente a ciência que vem liderando a mudança de atitude. Segundo Roger Sperry, "recentes progressos conceituais nas ciências que tratam da relação mente-cérebro, rejeitando o reducionismo e o determinismo mecânico, por um lado, e os dualismos, por outro, abriram caminho para uma abordagem racional à teoria e à instituição de valores e para uma fusão natural entre ciência e religião".[12] No livro *O ponto de mutação*,* Fritjof Capra afirma: "Hoje está ficando cada vez mais evidente que a excessiva ênfase no método científico e no pensamento racional, analítico, levou a atitudes profundamente antiecológicas".[13] O afastamento da natureza e da espiritualidade levou o homem ao desenvolvimento do aspecto racional-intelectual em detrimento do espiritual e, segundo Capra, "(...) essa evolução unilateral atingiu agora um estágio alarmante, uma situação tão paradoxal que beira a insanidade".[14]

Para qualquer pessoa com um mínimo de capacidade de percepção, é evidente que o ser humano, além de estar destruindo o planeta em que vive, corre o risco de autodestruir-se. Onde quer que se observe, o quadro é de total dissolução de valores morais, espirituais e estéticos. Embora muitas pessoas insistam em ignorá-la, a ne-

---

* Publicado pela Editora Cultrix, São Paulo, 1980.

cessidade de religação à natureza e de desenvolvimento de uma consciência espiritual — que é, em última análise, ecológica — já está sendo oficialmente aceita pelos cientistas e pelos governantes de alguns países. O problema ecológico é também um problema espiritual.

Em 1990, houve em Moscou uma conferência que reuniu mais de mil cientistas, políticos e líderes religiosos de 83 nações em torno da questão da defesa do meio ambiente global. Nessa ocasião, Carl Sagan anunciou a necessidade de "uma dimensão religiosa bem como científica" na abordagem dos problemas da mudança global. Os cientistas presentes lançaram um apelo: "Os esforços para salvaguardar o meio ambiente e para cuidar dele precisam estar infundidos com uma visão do sagrado". No final da conferência, mais de cem líderes religiosos juntaram-se para saudar o apelo dos cientistas como "um momento e uma oportunidade sem paralelo no relacionamento entre a ciência e a religião".[15]

Atualmente já se verifica, nos meios científicos e em outros campos do conhecimento humano, uma tendência para sanar a dissociação entre ciência e espiritualidade que veio permeando, em graus diversos, todas as áreas da nossa civilização e ameaçando-lhe a própria sobrevivência. Essa tendência vem crescendo, há algum tempo, principalmente entre os representantes das diversas áreas culturais. A nova visão da ecologia está muito além das preocupações práticas e imediatas de preservação do meio ambiente. Ela vai mais adiante: não basta a ação, é necessário mudar a consciência. Estendendo-se ao nível planetário, essa nova mentalidade traz consigo a necessidade de desenvolver a conscientização do homem quanto à sua responsabilidade na relação com a natureza e com o destino do planeta. Quando o homem perceber a sua vinculação ao cosmo, a unicidade de toda a vida e a interdependência de todas as ações, o problema ecológico se tornará, também, um problema espiritual.

Como diz Fritjof Capra, "à medida que a ecologia requer uma nova base conceitual filosófica e espiritual, ela se torna uma ecologia espiritual e determina uma mudança nos valores e nos hábitos. A pressão social pela busca do ter passa a ser contestada. A ênfase dos parâmetros de crescimento se desloca do ter para o ser e do exterior para o interior".[16] Para Capra, é preciso recuperar urgentemente a dimensão espiritual na ciência e na vida, pois é ela que modificará a relação do homem com a natureza e impedirá que ele destrua a si mesmo e ao planeta onde vive. Esse deslocamento da ênfase nos parâmetros vem sendo promovido há algum tempo pelo movimento do potencial humano, pelo movimento holístico da saúde e por vários modelos de desenvolvimento espiritual. A psicologia tem tido papel importante nessa mudança. Os psicólogos humanistas foram os pioneiros, quando enfatizaram as necessidades não-materiais de auto-realização, baseadas no conhecimento e no afeto. Os terapeutas de orientação junguiana destacaram entre suas metas a busca do encontro com o centro divino interno. E os psicólogos transpessoais ampliaram a concepção de ser humano quando mostraram a ligação espiritual do homem com o cosmo e com o seu semelhante.

O Ocidente pode buscar o antídoto para a sua dissociação não apenas no Oriente, mas no seu próprio passado, na visão dos filósofos pré-socráticos, que não estabeleciam uma separação entre a arte, a ciência, a filosofia e a espiritualidade. Esses filósofos investigavam os fenômenos da natureza, da *physis*, ao mesmo tempo em que pensavam sobre a essência fundamental das coisas: "Pensando a *physis*, o filósofo pré-socrático pensa o ser e, a partir da *physis*, pode então ascender a uma compreensão da totalidade do real: do cosmo, dos deuses e das coisas particulares, do homem e da verdade, do movimento e da mudança, do animado e do inanimado, do comportamento humano e da sabedoria, da política e da justiça".[17]

Tales de Mileto defendeu a unidade existente entre todas as coisas — "tudo é um". Como todas as coisas eram animadas, a matéria se reduzia à alma, que era o princípio único. Anaximandro de Mileto mostrou que tudo se originava do princípio único e fundamental, chamado *Apeiron*. Esse princípio — que era o fundamento da geração das coisas, aquele que as abarcava e dominava — era constituído por algo imortal e imperecível: o indeterminado. Para Anaxímenes de Mileto, a natureza que subjazia a tudo era o ar. Infinito, o ar permeava toda a ordem do universo, do mesmo modo que o ilimitado continha o limitado. O ar — elemento vivo e dinâmico como a alma humana — era um sopro, um hálito que se opunha à passividade da matéria e, ao mesmo tempo, dava-lhe forma. Heráclito de Éfeso, conhecido como o filósofo da fluidez, afirmou a unidade de todas as coisas, do separado e do não-separado, do gerado e do não-gerado, do mortal e do imortal, da razão humana (*logos*) e do eterno, do pai e do filho, de Deus e da justiça: "A parte é algo diferente do todo; mas também é o mesmo que o todo; a substância é o todo e a parte. De todas as coisas emerge uma unidade e da unidade, todas as coisas".

A recuperação da visão de totalidade pode curar a nossa doença: a fragmentação, a dissociação psíquica e espiritual. Como muito bem coloca o físico David Bohm, "é instrutivo considerar que a palavra *health* (saúde) em inglês baseia-se na palavra anglo-saxônica *hale*, que significa inteiro (*whole* em inglês): isto é, estar com saúde é estar inteiro, o que é mais ou menos o equivalente, penso, à palavra hebraica *shalem*. Igualmente o inglês *holy* (sagrado, santo) baseia-se na mesma raiz que *whole*. Tudo isso indica que o homem sempre sentiu que a integridade ou totalidade é absolutamente necessária para que a vida valha a pena ser vivida".[18]

Por ser a questão contemporânea mais importante, a busca da totalidade — a síntese entre ciência e espiritualidade, entre Oriente e Ocidente, entre o lado direito e o lado esquerdo do cérebro, entre o masculino e o feminino — atualmente está sendo discutida por um conjunto de representantes de várias áreas do conhecimento, entre as quais a física, a psicologia, a filosofia e a biologia. Assim, tenta-se colocar a unidade há muito perdida novamente à disposição da humanidade.

Capítulo 3

A liderança da física moderna na mudança da visão de mundo

Na ciência, coube à física moderna a liderança na construção de uma nova visão de mundo holística e totalizante. Por meio do estudo do átomo, os físicos chegaram a uma importante conclusão: a da totalidade, unidade e interligação de todas as coisas. A partir daí, passaram a perceber o mundo, não como uma coleção de objetos físicos, mas sob a forma de uma complexa teia de relações entre as diferentes partes de uma totalidade unificada. O novo paradigma que surgiu da ciência reflete uma visão da totalidade indivisa do universo.

Durante dois séculos e meio, a física, como ciência exata, esteve ligada à visão mecanicista do mundo e alicerçou as suas idéias na matemática de Isaac Newton, na filosofia de René Descartes e na metodologia científica de Francis Bacon. Mas, sendo seu objeto de estudo a própria natureza, foi impossível à física manter-se afastada desta e continuar ignorando que ela não se comporta segundo o desejo humano de controle e domínio intelectual. Assim, a necessidade de uma visão não-fragmentada da realidade surgiu no próprio meio científico, antes comprometido com a abordagem racionalista. E, como no passado servira de modelo para as demais ciências, a física liderou também esse movimento de retorno a uma visão unificada e sintetizadora.

No início do século, a física dedicou-se à investigação dos fenômenos atômicos e viu-se diante de grandes paradoxos e contradições. Aproximando-se cada vez mais do nível da observação microscópica, os físicos tiveram a oportunidade de perceber que a real natureza das coisas transcendia os aspectos sensoriais da realidade. Eles descobriram que a física newtoniana não tinha validade no mundo subatômico, pois predizia acontecimentos observáveis no mundo cotidiano, no mundo sensorial, ao passo que os fenômenos subatômicos — não podendo ser observados diretamente — só podiam ser previstos em termos de probabilidades. A física teve então de passar por uma grande transformação. Reformulando radicalmente seus conceitos básicos sobre a realidade, deu ensejo ao desenvolvimento criativo de seu pensamento, que culminou com o surgimento da "nova física".

A nova física — ou teoria quântica ou mecânica quântica — originou-se da teoria dos *quanta* de Max Planck (1900) e da teoria da relatividade de Albert Einstein (1905) e desenvolveu-se com Niels Bohr (1913), Werner Heisenberg (1925) e outros físicos importantes, como Erwin Schrödinger, Wolfang Pauli, Louis de Broglie e Paul Dirac.

Max Planck (1858-1947), formulador de uma constante que tem o seu nome, é considerado o pai da mecânica quântica. Em 1900, ele provou que toda energia é irradiada em pacotes individuais — chamados "*quanta*" — e não em correntes de fluxo contínuo. Planck afirmou que a natureza não era contínua, mas expressava-se em termos de pacotes discretos ou *quanta*. O *quantum* é uma partícula muito pequena de energia física. "Planck descobriu que a energia de um *quantum* de luz aumenta com a freqüência. Quanto mais alta é a freqüência, mais alta será sua energia. A energia é proporcional à freqüência, e a constante de Planck é a constante da proporcionalidade entre elas. Essa simples relação entre freqüência e energia é importante. É o ponto central da física quântica: quanto mais alta a freqüência, maior a energia; quanto mais baixa a freqüência, mais baixa a energia."[1]

Em 1935, Planck publicou um livro chamado *Para onde está indo a ciência?*, no qual defende a visão de totalidade que deve ser adotada pela física: "Na mecânica moderna é impossível obter uma versão adequada das leis que procuramos, a menos que o sistema da física seja encarado como um todo. De acordo com a mecânica moderna [teoria de campo], cada partícula do sistema, num certo sentido e em qualquer momento, existe simultaneamente em cada parte do espaço ocupado pelo sistema (...)".[2] Nesse mesmo livro, Planck declarou: "Nunca poderá haver uma real oposição entre a religião e a ciência. Toda pessoa séria e que reflita irá perceber (...) que o elemento religioso em sua natureza deve ser reconhecido e cultivado".[3]

Albert Einsten (1879-1955), o mais conhecido e popular dos físicos, revolucionou a física com a sua teoria da relatividade. Só no ano de 1905, Einstein publicou cinco trabalhos científicos muito importantes, três dos quais foram fundamentais para o desenvolvimento da física e para as mudanças conceituais do pensamento ocidental. O primeiro desses trabalhos fundamentais era uma teoria que descrevia a natureza quântica da luz e, com ela, Einstein ganhou o Prêmio Nobel de 1921. Nessa teoria, ele afirmou que a luz se compunha de pequenas partículas chamadas fótons, que a velocidade da luz era constante e que, para a luz, não existia tempo. Com isso, a crença newtoniana em um tempo absoluto e universal teve de ser descartada. No segundo trabalho, que descrevia o movimento browniano, Einstein estabeleceu a existência dos átomos. E o terceiro trabalho consistia na teoria especial da relatividade. Aí, Einstein demonstrou que matéria e energia são dois conceitos equivalentes, complementares e necessários à definição de um todo. Um *quantum* significava uma porção de energia, fosse de um fóton, fosse de um elétron. O princípio da relatividade estabelecia que as leis da física eram as mesmas em diferentes sistemas de referência que se movessem com velocidade relativa constante, os quais chamou de "sistemas inerciais".

A teoria da relatividade diz que as visões dos acontecimentos físicos são relativas — o que nada tem que ver com a interpretação popular de que "tudo é relativo". Mais tarde, Einstein complementou sua teoria com o postulado segundo o qual a luz se propaga através do espaço vazio com uma velocidade igual a 300.000 quilômetros por segundo.

Em 1915, Einstein fez acréscimos — que resultaram em um princípio de relatividade mais consistente — à sua teoria especial da relatividade, a qual passou a chamar-se "teoria geral da relatividade". A teoria geral da relatividade provocou uma revolução nos conceitos de espaço e tempo. Vendo-os como conceitos relativos, interligados, que formavam um *continuum* quadridimensional chamado "espaço-tempo", Einstein demonstrou que o espaço não é tridimensional e que o tempo não constitui uma entidade isolada. Segundo a teoria geral da relatividade, a matéria informa ao espaço-tempo como distorcer-se e o espaço-tempo, distorcido, informa à matéria como mover-se. Einstein trata o tempo apenas como uma outra dimensão. Além dos elementos que fornecia para descrever o universo como um todo, a teoria da relatividade conduzia a uma conclusão impressionante: a de que as partículas materiais poderiam ser criadas pela energia pura, assim como poderiam tornar-se pura energia num processo reverso.

No livro *Idéias e opiniões*, Einstein diz que a ordem da natureza é derivada de uma ordem superior, do Ser Cósmico que homens e mulheres ao longo da História comumente chamaram de Deus. Ele se declara religioso porque acredita nessa sabedoria maior: "A mais bela emoção de que somos capazes é a mística. Ela é a força de toda arte e ciência verdadeiras. Aquele que não a experimenta está praticamente morto. Saber que o que é impenetrável para nós de fato existe e manifesta-se como a sabedoria maior e mais preclara formosura, que nossas toscas faculdades só podem captar em sua forma mais primitiva esse conhecimento, esse sentimento está no centro da verdadeira religiosidade. Nesse sentido, e apenas nele, pertenço ao grupo dos homens devotamente religiosos".[4]

Para Einstein, ciência e espiritualidade deveriam estar unidas porque a ciência não só purifica o impulso religioso dos entulhos antropomórficos, como contribui para uma espiritualização da compreensão da vida. E, além disso, porque quanto mais avança a evolução espiritual da humanidade, mais o homem perde o medo da vida e da morte e a fé cega e se esforça para buscar o conhecimento. Foi a partir das especulações cosmológicas de Einstein que o sentido da totalidade cósmica passou a fazer parte da ciência oficial.

Niels Bohr, possuidor de grande intuição e profundo estudioso de Kierkegaard, Emanuel Kant e William James, foi um dos principais construtores da teoria quântica. Em 1913, Bohr descreveu um modelo simples de átomo, no qual demonstrou que os elétrons se encontram a uma distância específica do núcleo, ocupam diferentes camadas de energia ou órbitas e nunca são encontrados entre essas órbitas. Sua teoria mostrou por que cada átomo possui um padrão específico de raias espectrais que o define.

Em seguida, Niels Bohr demonstrou que os elétrons passam de um estado energético a outro, saltam de uma órbita para outra, por meio de saltos quânticos descontínuos, cuja magnitude depende da energia que tiverem absorvido ou irradiado. Essa descrição do movimento dos elétrons como uma série de saltos descontínuos provocou uma mudança conceitual importante. O mundo do *quantum* desafiava o senso comum: Bohr compreendeu que o que é verdade no mundo cotidiano, macrocósmico, pode não ser verdade — ou mesmo estar errado — no mundo quântico.

Em 1924, ele chegou à conclusão de que as ondas quânticas eram ondas de probabilidades. Essas ondas diziam respeito a algo que, de alguma forma, já estava acontecendo, mas ainda não havia sido atualizado: "Referia-se a uma tendência para acontecer, uma tendência que em forma indefinida existia em si mesma, porém sem nunca chegar a converter-se num acontecimento".[5]

Em 1927, ao introduzir na física a noção de complementaridade, Bohr pôs fim à aparente incongruência entre as observações das unidades subatômicas — as quais, dependendo do modo como eram observadas, ora apresentavam-se como partículas, ora como ondas. À primeira vista, os fenômenos quânticos são de natureza dualística, pois os *quanta* se comportam de duas maneiras: algumas vezes como partículas, outras como ondas. Uma partícula é algo localizável no espaço e no tempo; uma onda estende-se, de forma não localizada, sobre amplas regiões do espaço e do tempo. Como os dois constructos têm naturezas aparentemente opostas, a teoria quântica viu-se obrigada a afirmar que uma coisa às vezes se transforma em seu oposto.

Segundo Bohr, a imagem da partícula e a imagem da onda são duas descrições complementares da mesma realidade atômica. Ambas são necessárias à descrição completa dessa realidade, pois a onda e a partícula são as formas pelas quais a matéria se manifesta e, juntas, as duas são o que a matéria é. Nenhuma das duas descrições tem precisão real quando isolada — tanto o aspecto "onda" quanto o aspecto "partícula" devem ser levados em conta quando se procura compreender a natureza das coisas. Foi esse fato que levou os físicos a aceitar novas formas de percepção da realidade física.

Mais tarde, Bohr estendeu o conceito de complementaridade à psicologia, quando estudou o determinismo e o livre-arbítrio e mostrou que a complementaridade maior está entre sujeito e objeto. O princípio da complementaridade pode ser estendido a outras áreas do conhecimento, pois parece governar não só os fenômenos físicos, mas tudo o que constitui a consciência, já que esta se projeta a partir de pares de opostos. Ele possibilita uma descrição mais fiel da realidade, pois permite ver o universo de maneira holística, além dos opostos aparentes, e compreender a unidade subjacente a tudo. Com a contribuição de Bohr, a física teve de aceitar a visão de unidade da antiga tradição e compreender que na vida somos, ao mesmo tempo, autores e espectadores.

Louis Victor, Duque de Broglie, apresentou em 1924 a sua teoria ondulatória da matéria, que associava os dois fenômenos mais revolucionários da física: a natureza quântica da energia e a dualidade onda-partícula. Para ele, as partículas têm propriedades semelhantes às das ondas, como as ondas têm propriedades semelhantes às das partículas. Broglie dizia que a matéria possui ondas que lhe correspondem.

Incentivado pela teoria ondulatória da matéria de Broglie, o físico Erwin Schrödinger formulou a hipótese de que os elétrons não são objetos esféricos, mas sim modelos de ondas estacionárias. Schrödinger desenvolveu uma equação que descrevia o movimento dos *quanta* em termos de mecânica ondulatória. A sua mecânica ondulatória enfatiza a continuidade dos processos físicos e as propriedades de ondas dos elétrons: "Ele representava os elétrons como se estivessem realmente se expandindo sobre seus modelos ondulatórios em forma de uma tênue nuvem".[6] Schrödinger, que escreveu vários ensaios filosóficos, num ensaio chamado *O eu que é Deus*, afirma que o eu mais intenso corresponde ao Eu Universal ou Deus.

Pouco depois da descoberta de Schrödinger, Wolfgang Pauli descobriu que em um átomo não pode haver dois elétrons exatamente iguais, com números quânticos idênticos. Sua descoberta tornou-se conhecida como "princípio da exclusão": "O princípio da exclusão de Pauli significa que uma vez que um modelo particular de onda se forma em um átomo, exclui todos os demais de sua superfície".[7] Essa teoria implica que, mesmo que todos os elétrons do universo sejam os mesmos, eles não são idênticos. Em 1945, Pauli ganhou o Prêmio Nobel pelo princípio da exclusão e pela descoberta do neutrino. Em *Através das fronteiras*, ele diz: "Considero a superação dos opostos, incluindo uma síntese que abrace a compreensão racional e a experiência mística da unidade, como sendo o mito, falado ou não, do nosso dia-a-dia e época".[8]

Paul Dirac, fundador da teoria quântica dos campos, formulou uma equação relativística que descrevia o comportamento das partículas. Ele dizia que a contínua criação e aniquilação de partículas no nível subatômico é o resultado de uma contínua interação entre diferentes campos. A sua teoria foi extremamente útil na explicação dos pequenos detalhes da estrutura atômica e na revelação da simetria fundamental entre matéria e antimatéria. "Dirac previu a existência de um antielétron com a mesma massa do elétron mas com carga oposta. Esta partícula positivamente carregada, agora denominada pósitron, foi realmente descoberta dois anos depois de Dirac ter predito a sua existência. A simetria entre matéria e antimatéria implica o fato de que para cada partícula existe uma antipartícula, portadora de igual massa e carga oposta."[9] Uma antipartícula é, ao mesmo tempo, uma partícula. Algumas partículas têm outras partículas como antipartículas. O universo é formado de partículas e antipartículas. De acordo com essa teoria, todas as interações entre os componentes da matéria se dão por meio da criação e destruição de partículas virtuais.

Werner Karl Heisenberg, considerado um dos fundadores da física quântica, verificou que os paradoxos da física nuclear surgiam quando os cientistas tentavam descrever os fenômenos atômicos com a linguagem da física clássica e, dessa forma, propôs uma grande mudança no arcabouço conceitual, que implicava a rejeição dos conceitos clássicos. Influenciados por ele, os físicos se viram diante da necessidade de expandir a consciência: "O grande feito de Heisenberg foi expressar essas limitações dos conceitos clássicos de uma forma matematicamente precisa que hoje leva seu nome e é conhecida como 'Princípio da Indeterminação ou da Incerteza', que consiste numa série de relações matemáticas que determinam até que ponto os conceitos clássicos podem ser aplicados aos fenômenos atômicos, estabelecendo assim os limites da imaginação humana no mundo subatômico."[10] Heisenberg provou que há limites além dos quais não podemos medir com exatidão os processos da natureza. Segundo ele, a natureza impõe limites fundamentais às mensurações. Além disso, não é possível conhecer — simultaneamente e com precisão ilimitada — todos os parâmetros físicos de um sistema quântico. À medida que o físico se aprofunda no mundo subatômico, uma parte ou outra da natureza torna-se obscura, e não há forma de torná-la clara sem que outra parte se torne escura. O princípio da indeterminação mede o grau de influência do cientista sobre as propriedades do objeto observado no próprio processo de mensuração.

Heisenberg não só estava ciente dos paralelos entre a física quântica e o pensamento oriental como também admitiu que a sua obra científica foi influenciada pela filosofia hindu. Em 1929, passou algum tempo na Índia, a convite do poeta Rabindranath Tagore, com quem manteve longas conversas sobre a ciência e a filosofia indianas. Ele, então, pôde perceber que vários dos conceitos da física — como a relatividade, o inter-relacionamento de todas as coisas e a não-permanência — eram a própria base das tradições espirituais indianas.

Em 1927, vários dos físicos que trabalhavam com a nova física reuniram-se em Bruxelas, Bélgica, para discutir as questões que a nova abordagem levantava. As conclusões desse encontro — que, em homenagem a Niels Bohr, que era dinamarquês, ficaram conhecidas como a "Interpretação de Copenhague da Mecânica Quântica"— estabeleciam a nova física como um meio consistente de visão de mundo porque tentava compreender a realidade levando em conta as limitações do pensamento racional. Depois das conclusões da Interpretação de Copenhague, a visão quântica da natureza baseia-se, principalmente, no princípio da complementaridade de Bohr e no princípio da incerteza de Heisenberg. Os principais postulados dessa visão são:

1. Há uma realidade com existência independente sobre a qual a física nada pode dizer. Embora se possam medir as ondas e as partículas, as propriedades dessa "dualidade" escapam a qualquer medição. Algo permanece indeterminado e fora do alcance da compreensão.
2. O processo de observação sempre influi naquilo que se investiga sobre a natureza. O observador e o observado fazem parte da mesma realidade e esse fato impõe limitações.
3. A complementaridade está presente na dualidade onda-partícula, isto é, o modo como a matéria se manifesta. Não há nada de fixo ou nítido em nossa existência diária.
4. Os processos quânticos estão sujeitos a abruptas mudanças de estado, como o salto quântico. A transição de um elétron de

um estado de energia a outro, dentro do átomo, se faz de forma espontânea e aleatória. Portanto, esses processos só podem ser previstos com base em probabilidades.
5. As mudanças de estado onda-partícula só podem ser focalizadas uma de cada vez — é o que diz o princípio da incerteza de Heisenberg.
6. As probabilidades quânticas são computadas de uma forma diferente das probabilidades clássicas.
7. Nem todas as partes de uma teoria estão refletidas no mundo porque não são passíveis de visualização.

A "Interpretação de Copenhague" apontava as limitações do conhecimento científico e já antecipava as da percepção. Mais tarde, as pesquisas neurológicas mostrariam que a percepção é limitada quando se usa unilateralmente um dos hemisférios. Cada hemisfério do cérebro apreende uma parte da realidade: o esquerdo percebe o mundo de forma linear, racional e lógica; o direito o percebe de forma mais abstrata e intuitiva.

Einstein não aceitou o postulado referente à limitação do conhecimento racional sobre o universo e contra ele lutou até a morte, argumentando que uma realidade completamente indeterminada e probabilística não poderia ser concebida. As palavras que empregou em sua reação — "Deus não joga dados com o universo" — ficaram famosas. Em 1935, Einstein, Boris Podolsky e Nathan Rosen publicaram o EPR, um artigo que ficou conhecido pelas iniciais de seus autores, no qual criticavam a teoria quântica por ser uma descrição incompleta e indireta da realidade.

A mecânica quântica provocou uma mudança fundamental na percepção, no pensamento, no sentimento e nos valores que levou a uma nova compreensão da realidade e a uma nova atitude na relação com o mundo: "O universo deixa de ser visto como uma máquina, composta de uma infinidade de objetos, para ser descrito como um todo dinâmico, indivisível, cujas partes estão essencialmente inter-relacionadas e só podem ser entendidas como modelos de um processo cósmico".[11] Tanto a teoria da relatividade quanto a teoria quântica concebem o universo como um todo indiviso, do qual todas as partes — inclusive o observador e seus instrumentos — se fundem e se unem em uma totalidade. O que é real é a totalidade das relações. Dessa forma, a nova física derrubou a rede epistemológica que afirmava que os objetos existiam separados dos eventos e influenciou fortemente a maneira de perceber o mundo e a nós mesmos.

Aproximando-se da visão oriental de mundo, a nova física influenciou o pensamento contemporâneo no sentido de superar o dualismo e as divisões ilusórias — mente e corpo, sujeito e objeto, espaço e tempo, energia e matéria, onda e partícula etc. Muitos físicos admitiram que algumas descobertas da física quântica poderiam ser vistas como redescobertas de conhecimentos antigos. Como disse Niels Bohr, "para termos um paralelo da lição da teoria atômica [devemos voltar-nos] para os tipos de problemas epistemológicos já enfrentados por pensadores como o Buda e Lao-Tsé, quando tentavam harmonizar a nossa posição de espectadores e atores do grande drama da existência".[12]

O novo universo que se abriu para os físicos os fez entrar em contato com questões referentes ao tempo e à origem e finalidade da vida, que são, em última análise, questões espirituais. Muitos deles mostraram em suas reflexões e em seus escritos uma visão claramente espiritual e a crença na existência de algum tipo de princípio transcendente. A nova física substituiu a noção de que o mundo é constituído de objetos ou "blocos de construção fundamentais" pela visão do mundo como um fluxo universal de eventos e processos — e ainda afirma que esse fluxo é, em certo sentido, anterior ao das coisas, que podem ser vistas formando-se e dissolvendo-se nele. Os *quanta* não são átomos rígidos nem partículas individuais; antes são vibrações de energia movendo-se para a frente e para trás no espaço e no tempo.

O novo paradigma que surgiu da ciência é o da visão da totalidade indivisa no nível físico. E aceitar a unidade subjacente aos processos físicos implicava aceitar também a complementaridade dos opostos. Tudo isso levou à compreensão de que o universo é total. A teoria quântica conduz à visão holística do universo e a fundamenta cientificamente, possibilitando a construção de uma síntese entre ciência, espiritualidade e todas as demais áreas do conhecimento.

As descobertas da física moderna provocaram mudanças radicais nos conceitos de espaço, tempo, matéria, objeto, causa e efeito etc. Esses conceitos estavam tão incorporados ao pensamento que é compreensível o choque que provocou, mesmo entre os físicos, a necessidade de reformulação de seu arcabouço teórico. No livro *Física e filosofia*, Heisenberg relata que os físicos tiveram de enfrentar dificuldades pessoais quando as pesquisas os obrigaram a mudar os seus conceitos e a empreender uma expansão da consciência. Mas foi a partir dessa mudança que foi possível emergir uma visão de mundo inteiramente nova e radicalmente diferente, a qual ainda está em processo de construção. A mecânica quântica é uma nova forma de olhar a realidade.

As ciências consideradas "exatas", no nível subatômico, deixaram de sê-lo e a distinção entre objetividade e subjetividade desapareceu: "Ao transcender a divisão cartesiana, a física moderna não só invalidou o ideal clássico de uma descrição científica objetiva da natureza, mas também desafiou o mito da ciência isenta de valores".[13] Como disse Heisenberg, "o que observamos não é a natureza em si, mas a natureza exposta ao nosso método de indagação".[14] De acordo com a física quântica, a objetividade não existe e não é possível observar a realidade sem modificá-la. Não podemos nos separar do conjunto — quando estudamos a natureza, é a natureza que estuda a si mesma. A queda do pilar mítico da objetividade influenciou profundamente as outras ciências e a relação do homem com o mundo e consigo mesmo.

A nova visão da mecânica quântica abalou não só o pilar da objetividade científica, mas também o da previsibilidade, ao afirmar que só podemos fazer previsões em termos de probabilidades. A física quântica vê as partículas subatômicas como tendências a existir ou virtuais. O que no plano subatômico é realidade pode vir a atualizar-se ou não — o acaso é que determina o que ocorrerá finalmente.

A teoria quântica elimina a categoria da exclusão do pensamento racional e lógico — "ou-ou" — quando admite que algo pode ser isto e aquilo ao mesmo tempo (onda e partícula). As coisas podem conter na sua totalidade qualidades aparentemente contraditórias. E, assim, admite também que, embora superficialmente excludentes, ambas as premissas são necessárias para que se chegue a uma descrição mais completa e profunda. Assim, a nova física se aproxima cada vez mais da psicologia e vice-versa.

Em decorrência dessa nova percepção, os valores e atitudes associados às idéias filosóficas defendidas pelo cartesianismo foram contestados e rejeitados. A visão cartesiana do universo como um sistema mecânico, a crença de que o método objetivo-científico é a única forma válida de conhecimento, a concepção da vida como uma guerra competitiva pela existência e a convicção de que a finalidade da vida do homem é o progresso material, econômico e tecnológico ilimitado foram contestadas e mesmo invalidadas com o advento da nova física. As décadas de 20 e 30 foram de profundas mudanças não só na área científica, mas também na filosofia. A teoria da relatividade e a teoria quântica operaram uma grande mudança na forma de perceber e conceber o mundo. A reflexão filosófica passou a ser gerada pela ciência, o que trouxe um nível de unificação cada vez maior ao conhecimento das diversas áreas do saber humano.

Preocupado com a visão fragmentada do mundo, o físico David Bohm propôs uma abordagem que ajudava a superá-la. Partindo da noção de "totalidade intacta" (*unbroken wholeness*), Bohm estabeleceu como meta científica explorar a ordem que acreditava ser inerente à teia cósmica de relações num nível profundo e não-manifesto: "Eu diria que, em meu trabalho científico e filosófico, minha principal preocupação tem sido a de entender a natureza da realidade, em geral, e a da consciência, em particular, como um todo coerente, o qual nunca é estático ou completo, mas um processo infindável de movimento e desdobramento".[15] Assim, em 1952, Bohm e seus colaboradores, Basil Hiley e David Peat, propuseram uma visão do cosmo que pressupunha o inter-relacionamento de tudo em um nível profundo, a qual denominaram de "ordem implicada" ou "englobada". Essa visão parte da totalidade implícita de todas as coisas: o que acontece numa parte do universo conecta-se e afeta a qualquer outra porque não existem partes separadas. Segundo Bohm, "(...) as partes parecem estar em imediata conexão, na qual a sua relação dinâmica depende de uma forma irredutível do estado do sistema inteiro [e certamente dos estados dos sistemas mais extensos nos quais estão contidos, estendendo-se em princípio e definitivamente ao universo inteiro]. Assim, somos levados à nova noção de uma inteireza inquebrantável, que nega a clássica idéia da possibilidade de analisar o mundo em partes existentes separada e independentemente".[16] Portanto, Bohm acreditava que existia uma ordem inerente à teia cósmica de relações num nível profundo e não-manifesto e chamou a essa ordem "implícita", "implicada" ou "envolvida", descrevendo-a por analogia com um holograma em que cada parte contém o todo. Para ele, existia uma ordem oculta que atuava sob o aparente caos e falta de continuidade das partículas individuais de matéria descritas pela mecânica quântica. E os recessos mais íntimos dessa dimensão oculta eram a fonte de toda matéria visível (ordem explícita) e da consciência unificada do universo espaço-temporal.

Bohm enfatizou o papel da consciência na ciência ao afirmar que o modo como o homem pensa a totalidade, isto é, a sua visão geral do mundo, é crucial para a ordem global da própria mente humana. Suas pesquisas sobre a natureza da consciência foram estimuladas, por um lado, pelos dilemas que percebia na mecânica quântica e, por outro, pela leitura de Krishnamurti, à qual seguiu-se o encontro com o próprio sábio. Os diálogos que travaram ficaram registrados nos livros *O futuro da humanidade* e *A eliminação do tempo psicológico*.* Posteriormente, Bohm descobriu o trabalho do neurocientista Karl Pribram, que estava interessado em pesquisar a rela-

---
* Publicados pela Editora Cultrix, São Paulo, 1989.

ção entre a consciência e o funcionamento do cérebro. Bohm ajudou a abrir a porta ao interesse da física pela natureza da consciência. Para construir a sua teoria geral — que engloba a realidade e a consciência humana —, Bohm partiu da sua noção de totalidade ininterrupta. Ele via a mente e a matéria como sendo interdependentes e correlacionadas, mas não ligadas pela causalidade; seriam projeções mutuamente envolventes de uma realidade superior que não é nem matéria nem consciência. Para ele, haveria um fluxo universal no qual a mente e a matéria não seriam substâncias separadas, mas sim aspectos diferentes de um mesmo movimento total e ininterrupto.

O universo em que vivemos, de acordo com Bohm, é um universo multidimensional, cujo nível mais óbvio e superficial é o tridimensional — o dos objetos, de espaço e tempo –, que ele denomina "ordem explícita". No nível mais profundo está a ordem implícita, um oceano de energia que ultrapassa aquilo que denominamos matéria. O que parece ser um mundo estável, tangível e visível é uma ilusão, pois o que vemos é a ordem explícita ou desdobrada; o real é a ordem implícita. E há, ainda, uma ordem superimplícita, que é a ordem superior. Para esse físico, o mundo está organizado segundo o princípio geral de que o todo está envolvido em cada uma das suas partes. As suas concepções são espirituais e realmente tentam unir aquilo que foi separado pela visão cartesiana: ciência e espiritualidade, natureza e espírito, corpo e mente. Tanto para Bohm quanto para outros físicos quânticos, existe algum tipo de princípio transcendente. Quando se refere à questão mente-corpo ele diz: "Essa conexão entre mente e corpo tem sido chamada de psicossomática (do grego *psyche*, que significa mente, e *soma*, que significa corpo). Porém esta palavra é usada de tal modo que sugere que mente e corpo existem separados, mas que estão ligados por algum tipo de interação. Tal significado não é compatível com a Ordem Implicada. Nesta temos de dizer que a mente envolve a matéria em geral e, portanto, o corpo em particular".[17]

A física teve de passar por várias reformulações de conceitos para superar as limitações da visão mecanicista do mundo, o que a levou a assumir uma visão mais ecológica e holística e a aproxima do conhecimento dos místicos e da sabedoria espiritual do Oriente. Portanto, constituída por uma rede de relações significativas e por uma ordem interna, a visão de mundo que surgiu a partir da física moderna é mais harmoniosa que a concepção mecanicista cartesiana. Essa visão não-fragmentada de mundo se aproxima, cada vez mais, da visão espiritual do Oriente.

Agora a física pode fornecer o *background* científico para as mudanças de atitude e de valores que a humanidade necessita: "A física moderna pode mostrar às outras ciências que o pensamento científico não tem de ser necessariamente reducionista e mecanicista e que as concepções holísticas e ecológicas também são cientificamente válidas".[18] Atualmente, Geoffrey Chew é considerado o físico que deu o terceiro passo revolucionário mais importante na ciência. No início dos anos 60, juntamente com outros colegas, ele elaborou a teoria da matriz S para unir a mecânica quântica e a teoria da relatividade numa teoria mais ampla — que abrangesse, além dos aspectos quânticos e relativistas da matéria subatômica em sua totalidade, uma filosofia geral da natureza —, a qual ficou conhecida como "teoria *bootstrap*": "Segundo a filosofia 'bootstrap', a natureza não pode ser reduzida a entidades fundamentais, como elementos fundamentais da matéria, mas tem de ser inteiramente entendida por meio da autocoerência".[19] Nessa teoria, o universo é concebido de forma global e dinâmica, como uma teia infinita de eventos inter-relacionados, pois "o universo material é visto como uma teia ou rede dinâmica de eventos inter-relacionados. Nenhuma das propriedades de qualquer parte desta teia é fundamental; todas decorrem das propriedades das outras partes do todo, e a coerência total de suas inter-relações determina a estrutura da teia".[20]

Com a teoria *bootstrap* de Chew, a ciência se aproxima da superação definitiva da visão compartimentada da realidade, e o universo pode ser visto como uma totalidade não-fragmentável e dependente de relações dinâmicas. Por meio dela, "conceitos diferentes, mas mutuamente coerentes, podem ser usados para descrever diferentes aspectos e níveis da realidade, sem que seja necessário reduzir os fenômenos de qualquer nível ao de outro".[21] Assim, torna-se possível a superação do pensamento cartesiano e a criação de uma visão de mundo holística e multidisciplinar. Segundo Chew, "nossa luta atual [com aspectos correntes da física avançada] poderia ser, portanto, tão-somente a antevisão de uma forma completamente nova de esforço intelectual humano, que não só esteja fora da física, como nem sequer possa ser descrito como 'científico'".[22]

O físico Fritjof Capra escreveu um artigo — *"Bootstrap e budismo"* — no qual traça paralelos entre a visão de Chew e o budismo, paralelos reconhecidos, aliás, pelo próprio Chew. Capra mostra como a unidade e a inter-relação mútua de todas as coisas tem sua expressão mais clara no budismo maaiana e como este está em perfeita harmonia com a concepção *bootstrap*. Em 1975, publicou um importante livro, *O tao da física*,* no qual comparava as conclusões da física moderna e os pressupostos de algumas filosofias religiosas do sistema místico oriental. Em sua prática de meditação e seu contato com as tradições orientais, desde o início Capra ficou surpreso com o estreito paralelismo existente entre os *Koans* do zen e os paradoxos da física quântica, que ele chamou de *Koans* quânticos. E, à medida que se aprofundava nos estudos orientais, ficava mais impressionado pela similaridade entre os conceitos da física e os do budismo e taoísmo, o que o levou a afirmar que a estrutura filosófica subjacente à física quântica é a mesma das tradições filosóficas do Oriente.

Segundo Capra, a física moderna leva-nos a uma visão de mundo que se afigura essencialmente mística, pois é bastante similar às visões adotadas pelos místicos de todas as épocas e tradições. Isso corresponde, de certa forma, a um retorno às origens, à filosofia grega do século VI a.C., um momento em que a filosofia, a ciência e a religião ainda não estavam separadas. Os filósofos da escola de Mileto, a principal representante dessa visão mística, consideravam

---

* Publicado pela Editora Cultrix, São Paulo, 1980.

todas as formas de existência, enquanto manifestações da *physis*, dotadas de vida e de espiritualidade.

O tao da física, uma profunda reflexão sobre os caminhos da ciência e do homem, traz à tona a antiga questão da visão fragmentada do mundo, que domina a consciência do homem no Ocidente e tantos prejuízos tem causado. Mas seu autor, um físico dedicado à pesquisa e à reflexão filosófica, é otimista no que se refere à superação da fragmentação que marcou o pensamento ocidental durante três séculos. Ele acredita que a ciência do século XX, superando a concepção mecanicista do mundo da qual se originou, está retornando à idéia de unidade presente na Grécia antiga e nas filosofias orientais. Para os antigos gregos, *'En Kai Pan*, o Múltiplo e o Uno, são aspectos de uma mesma e única realidade. A pluralidade é a Unidade.

Essa visão de totalidade que a ciência vem adotando está presente também nas antigas tradições místicas do Oriente: "Quanto mais penetramos no mundo submicroscópico, mais compreendemos a forma pela qual o físico moderno, à semelhança do místico oriental, passa a perceber o mundo como um sistema de componentes inseparáveis, em permanente interação e movimento, sendo o homem parte integrante desse sistema".[23] No entender de Capra, com a harmonização entre o espírito da sabedoria oriental e o da ciência ocidental, a física iniciou um importante movimento em direção à cura da cisão. A imagem do universo como uma teia cósmica interligada construída pela física atômica moderna é a mesma usada no Oriente para expressar a experiência mística da natureza. Para os hindus, *Brahman* é o fio que constitui e une toda a teia cósmica. A teoria da complementaridade – um postulado geral que permite uma compreensão ampla do universo – pode ser estendida à matemática, à biologia, à psicologia, à filosofia. O conhecimento caminha para a unificação das várias disciplinas e para a concepção espiritual da vida.

Como diz Capra, a física, naturalmente, trabalha numa área diversa e não pode ir tão longe quanto os místicos orientais na concepção da unidade de todas as coisas. Mas ela trouxe uma contribuição para a superação da visão fragmentada que muda inteiramente a consciência, os valores e a relação do homem com a vida. Essa opinião encontra respaldo em Bohm: "(...) a mecânica quântica sugeriu que o mundo não pode ser analisado em partes que existam separada e independentemente. Além disso, cada parte, de certa forma, envolve todas as outras, contendo-as ou desdobrando-as dentro de si. Nesse sentido, pode-se dizer que uma linguagem comum foi estabelecida, bem como um conjunto comum de conceitos básicos, porque esse é um ponto sobre o qual todos os místicos concordam. Esse fato sugere que a esfera ordinária da vida material e a esfera da experiência mística partilham de uma certa ordem e que isso permitirá um relacionamento proveitoso entre eles".[24]

Para Jean Charon, físico da Universidade de Paris, a física moderna, ainda tímida, não assumiu inteiramente a questão espiritual, pois não admite a presença do "espírito" nas suas descrições científicas do universo. No livro *O espírito, este desconhecido*, ele propôs uma física neognóstica: "(...) o que chamamos espírito é indissociável de todos os fenômenos que vemos no universo, sejam físicos, sejam psíquicos".[25] Charon elaborou uma teoria — fundamentada em Einstein, Teilhard de Chardin e Jung — que chamou de "teoria da relatividade complexa", a qual pretende unificar o conhecimento. A seu ver, a humanidade caminharia para uma visão unificada do universo, onde não haveria mais conflito entre a ciência e a religião nem entre a visão do Ocidente e a do Oriente.

Com as importantes mudanças conceituais promovidas pela física, o mundo deixou de ser o mesmo. Embora se saiba que uma transformação completa da consciência exige tempo, por meio da física moderna estamos recuperando uma visão holística da vida, conforme a qual a realidade só pode ser considerada como a união dos opostos. Existe um princípio de *coincidentia oppositorum*, coincidência dos opostos, que mostra que aquilo que parecia ser totalmente separado e inconciliável, na realidade, está unido. Os opostos são aspectos complementares de uma mesma e única realidade. Como afirmou Heráclito, o universo deixaria de existir se um dos opostos cessasse.

A maior parte dos físicos da teoria quântica e da relatividade se interessou pelo estudo da metafísica e também escreveu sobre o assunto. Eles estavam preocupados não apenas com o estudo e a investigação do mundo físico, mas, sobretudo, com o que se encontra além dele. Para Heisenberg, o espaço no qual o homem se desenvolve como ser espiritual possui mais dimensões do que aquela que a ciência julgou a única durante os últimos séculos. Existe hoje um grande número de físicos envolvidos com questões referentes à origem e finalidade da vida e à origem da consciência e sua relação com a matéria, que são, em sua essência, questões espirituais e comuns à filosofia e à psicologia. A teoria quântica despertou nos físicos a curiosidade científica sobre a origem e a natureza da consciência, pois conduzia, como afirmou Planck, ao limiar do ego. Os físicos mais importantes da nossa época perceberam a consciência como o conteúdo básico, o fundamento subjacente da natureza. Existe hoje uma nova área de investigação e de pesquisa na física chamada de "física da consciência".

Menas Kafatos e Thalia Kafatou são físicos preocupados em entender e definir a consciência e sua relação com o universo. Para eles, qualquer sistema de conhecimento que busque a compreensão do universo deve envolver necessariamente a consciência. Esses físicos defendem a tese de que há uma consciência que é total, que constitui o âmago do ser e que está sempre presente, fora do espaço, do tempo, do corpo físico ou mesmo da mente. Assim, afirmam a existência de uma consciência indivisa, presente em todos os indivíduos, que constitui o pano de fundo da consciência individual. Esse pano de fundo foi chamado por Kant de "Ego Transcendente" e por Bohr de "o pano de fundo da consciência". Ele é concebido como o fundamento do ser e inclui o corpo e a mente, embora não esteja a eles limitado: "Uma vez que 'o pano de fundo' de uma consciência individual é o mesmo em todas as pessoas, a consciência individual deve ser universal. Concluímos então que se o universo, a consciência individual e a consciência universal são totais, os três são também idênticos. De outro modo não seriam totais".[26]

Kafatos e Kafatou sugerem um novo termo — "metamente" — para definir essa consciência, esse "pano de fundo", que está além da mente consciente e que é seu fundamento, aquilo do qual surge e no qual está baseada: "O núcleo mais profundo dessa 'metamente' é o Eu (*Self*). Por definição, a 'metamente' e seu núcleo central nunca podem ser compreendidos pela mente, pois aquela constitui o fundamento desta".[27] Segundo esses físicos, o núcleo da metamente é o agente, a testemunha suprema e primordial, o irredutível pano de fundo de nós mesmos, que é desconhecido como objeto de percepção, mas pode ser vivenciado.

Para Menas Kafatos e Thalia Kafatou, o princípio generalizado de complementaridade é que possibilita a construção de uma visão holística do universo: "Talvez a maneira pela qual a consciência desenvolve-se e opera possa ser vista como o desdobrar-se de uma realidade que sempre assume a forma de construções complementares análise/síntese, objeto/sujeito, onda/partícula, transcendência/imanência. Esses e inúmeros pares complementares podem ser indícios para o desdobramento do próprio universo".[28]

A física hoje admite que a teoria quântica ainda não desvendou completamente a questão do tempo e que isso só será possível quando a consciência for incluída no processo, uma vez que a consciência e a realidade temporal são questões complementares, intrinsecamente relacionadas. A necessidade de compreensão da origem da consciência tem levado os físicos a aproximar-se cada vez mais da psicologia e do misticismo oriental, uma vez que a ciência contemporânea tem pouco a dizer sobre o assunto. Para Menas Kafatos e Thalia Kafatou, a visão do *shaivismo* é a que mais pode contribuir, pois afirma que tudo é Consciência Universal. Nessa cosmovisão, "a consciência individual é idêntica à Consciência Universal, e tudo no Universo está inter-relacionado na sempre mutante dança ou desenvolvimento da Consciência".[29] A definição de consciência que vem do Oriente sugere que ela representa o fator subjacente que promove a união de tudo no universo.

No livro *O ser quântico*, a física americana Danah Zohar defende o seguinte argumento: "(...) nós, seres humanos conscientes, somos a ponte natural entre o mundo da experiência diária e o mundo da física quântica, e (...) um exame mais acurado da natureza e do papel da consciência no esquema das coisas conduzirá a uma compreensão filosófica mais profunda do dia-a-dia e a um quadro mais completo da teoria quântica".[30] Ela vê na física quântica os fundamentos sobre os quais se podem basear a ciência e a psicologia e acha que, pela junção dessas duas disciplinas, é possível adquirir a visão e o sentimento de totalidade. Como outros físicos de sua geração, Zohar está preocupada em investigar a origem e a natureza da consciência e sua relação com a física quântica. Para ela, existe a possibilidade de que, como a matéria, a consciência proceda do mundo dos fenômenos quânticos e que, embora diferentes uma da outra, ambas tenham uma origem comum na realidade quântica: "A física hoje está no centro de nossas ocupações, e o problema da consciência dentro da física é um dos mais centrais".[31]

Hoje se sabe existir um vínculo entre o cérebro e a consciência, embora ainda não se saiba como ocorre essa ligação, já que — ao contrário do que pensavam os funcionalistas — a consciência não é idêntica às funções cerebrais. Zohar, para a qual uma ciência ou filosofia que não consiga explicar o conceito de consciência está necessariamente incompleta, propõe um modelo mecânico-quântico da consciência que compreende a totalidade da vida mental, em que a consciência e a matéria estão fortemente inter-relacionadas: "Se reunirmos o que brota da teoria quântica com um modelo mecânico-quântico da própria consciência, todo o aspecto do relacionamento mente-corpo muda radicalmente, e o faz de modo a iluminar tanto a verdadeira natureza dupla da realidade quântica como o significado da consciência".[32] Esse modelo permite não apenas ver a consciência como um fenômeno de onda quântico, mas também buscar sua origem na física das partículas. Desse modo, a dualidade mente-corpo poderia ser compreendida como um reflexo da dualidade onda-partícula, que é subjacente a tudo que existe.

A teoria quântica levou o conhecimento a um nível cada vez maior de unificação. Com a sua teoria de processo, o físico Arthur Young tentou organizar o conhecimento de várias disciplinas — como a geometria, a química, a biologia, a botânica, a zoologia, a psicologia e a história — e relacioná-lo ao das teorias dos *quanta* e da relatividade com o intuito de elaborar uma visão cosmológica ampla e abrangente, que eliminasse a separação entre a ciência, a mitologia e a tradição mística.

Segundo o físico Henry Margenau, considerado um dos grandes teóricos da relatividade, a grande riqueza metafísica que se encontra na moderna teoria da física constitui um desafio ao pesquisador. Junto com o psicólogo L. LeShan, Margenau escreveu o livro *Einstein's Space and Van Gogh's Sky*, no qual mostram que a visão convencional da realidade é limitada, fragmentada, e, portanto, irreal. Eles oferecem uma forma de ver a vida — além da realidade imediata da experiência sensorial — fundamentada nas teorias da física moderna e nos conhecimentos da psicologia contemporânea. LeShan, no livro *O médium, o místico e o físico*, diz: "O físico e o místico trilham diferentes caminhos, têm em vista diferentes metas técnicas, empregam diferentes métodos e instrumentos, suas atitudes não são as mesmas. No entanto, em se tratando da visão de mundo a que são levados ao percorrer esses diferentes caminhos, percebem a mesma estrutura básica, a mesma realidade".[33]

A teoria quântica é uma via para a compreensão do universo que, ao permitir a união de áreas de conhecimento aparentemente opostas — como a ciência e a arte, a física e a metafísica —, permite, em última instância, a união das polaridades racional e irracional. Ela mostrou a necessidade de ver o mundo como um todo indiviso, cujas partes se unem numa totalidade. Os conceitos de totalidade, união de opostos, complementaridade e indeterminação são os pilares da concepção quântica do mundo.

O século XX foi marcado pelo grande desenvolvimento da nova física e pela transformação da consciência daqueles que se envolveram nela. A teoria da complementaridade de Niels Bohr, o princípio da incerteza de Heisenberg, a teoria quântica dos campos de Paul Dirac, a teoria ondulatória da matéria de Louis de Broglie, o princípio da exclusão de Wolfgang Pauli, a ordem implicada de David Bohm, a teoria *bootstrap* de G. F. Chew e a Interpretação de Copenhague da Mecânica Quântica trouxeram um conhecimento mais profundo da realidade, muito semelhante ao conhecimento das filosofias e sistemas místicos orientais. Esses cientistas perceberam que o seu pensamento científico era bastante compatível com a espiritualidade e a visão de mundo dos grandes místicos.

Transcendendo as dicotomias Ocidente e Oriente, ciência e espiritualidade, matéria e espírito, mente e corpo, interior e exterior, cultura e natureza, sujeito e objeto, a cosmovisão que se originou da física quântica influenciou, de maneira profunda, todas as outras áreas do conhecimento.

Capítulo 4

A ressacralização do mundo e o paradigma holístico

Os diversos ramos do conhecimento humano, paralelamente à física ou influenciados por esta, já há bastante tempo discutem a necessidade de uma visão mais ampla e totalizante, que reúna a ciência à espiritualidade. Embora historicamente essa seja uma preocupação antiga, pois já aparece no início do século com alguns pensadores de vanguarda, assume atualmente a forma de uma verdadeira revolução cultural.

O início do século foi particularmente frutífero em idéias que propunham uma nova compreensão do real: a física quântica derrubou o arcabouço teórico da física newtoniana e demonstrou o inter-relacionamento dinâmico de todas as coisas e a psicologia mostrou que a vida tem um significado subjacente e que a consciência humana apreende só uma pequena parte da realidade — que, por sua vez, além de factual, é simbólica. Além disso, surgiram teorias em diversas áreas do conhecimento humano que foram muito importantes na reformulação da visão de mundo prevalecente.

Todos esses fatos contribuíram para a construção de uma nova mentalidade. Existe, atualmente, uma consciência profunda dos prejuízos ocasionados para a humanidade pela estreita e incompleta visão mecanicista da realidade, geradora de atitudes irresponsáveis, oportunistas, predatórias e antiéticas. Atualmente, é possível perceber com maior clareza a urgência de uma mudança de postura e de uma síntese do conhecimento que inclua a visão espiritual. Os avanços de muitas disciplinas diminuíram as lacunas que separam a ciência da espiritualidade, possibilitando ao conhecimento aproximar-se cada vez mais da unificação.

Na história humana sempre houve pioneiros — profetas de idéias revolucionárias que só depois se tornariam aceitas e "naturais". Entre o final do século passado e o início deste, o médico e psiquiatra canadense Richard Bucke já escrevia sobre experiências transpessoais e procurava unir e relacionar entre si várias áreas do conhecimento, inclusive a ciência e a espiritualidade. Ele escreveu dois livros muito lidos na época: *A natureza moral do homem* (1879) e *Consciência cósmica* (1901).

No primeiro, utilizando a fisiologia, a filosofia, a teologia, a psicologia e a história, Bucke traçou observações pessoais na tentativa de explicar a natureza moral do homem. Segundo sua concepção, a natureza moral humana teria dois lados, um positivo e um negativo. O lado positivo é o amor e a fé; o negativo é o ódio e o temor. Mas o ponto fundamental de suas conclusões é que o ser humano estaria evoluindo moral e espiritualmente do temor e do ódio para o amor e a fé — em direção ao sentimento de que "Deus é amor" —, conforme atestado pela história das religiões. E assim concluiu o seu livro: "Isso é, portanto, o fim, a conclusão do assunto inteiro. Ame todas as coisas, não porque é seu dever fazê-lo, mas porque todas as coisas são dignas de seu amor. Não odeie nada. Não tema nada. Tenha uma fé absoluta. Quem fizer isso será sábio; mais do que sábio, será feliz".[1]

Em *Consciência cósmica*, Richard Bucke relatou um profundo e emocionante sentimento de ligação com a vida, que é, em última análise, a experiência central de todas as religiões e de todos os místicos. Essa experiência — que ele descreveu como a percepção de que o cosmo não é matéria morta, que a alma é imortal, que o universo é construído e ordenado, que, para o bem de cada uma e de todas, as coisas trabalham juntas e que o princípio da fundação do mundo é aquilo que chamamos de amor — modificou-lhe profundamente a vida. Depois desse momento, vivido aos 35 anos de idade, Bucke dedicou-se ao estudo científico do fenômeno da iluminação na experiência humana, descrevendo-o, do ponto de vista da psicologia, como um estado psicológico raro e extraordinário citado na literatura religiosa e mística de todas as culturas. A esse estado chamou "consciência cósmica", explicando-o como um estado de consciência intuitiva, altamente intensificada, que transcende os limites da consciência individual.

Para Bucke, além da consciência perceptiva, receptiva e conceitual, existe a consciência intuitiva ou cósmica, capaz de perceber a alma como imortal e o cosmo como uma presença vivente. Bucke diz que: "(...) essa consciência mostra que o cosmo não consiste de uma matéria morta, governada por uma lei inconsciente, rígida e desumana; pelo contrário, ela o mostra como uma entidade, inteiramente viva, espiritual e imaterial, mostra que a morte é um absurdo e que tudo e todos possuem uma vida eterna; que o universo é Deus e que Deus é o universo".[2] Na visão de Bucke, o ser humano estava desenvolvendo lentamente dentro de si uma nova consciência, muito mais ampla e elevada que a consciência ordinária, que se firmaria cada vez mais até tornar-se a consciência rotineira. *Consciência cósmica*, até hoje considerado um clássico, contribuiu muito para a criação do movimento da consciência holística.

Na filosofia, a necessidade de uma visão que incluísse o lado espiritual da existência fez surgir reflexões importantes sobre o tema das experiências transcendentes. William James (1842-1910), considerado o filósofo do pragmatismo, deu a sua contribuição não somente à filosofia, mas também à psicologia. Ele foi um dos fundadores da psicologia científica e o mestre da psicologia fenomenológica ou introspectiva. Ao contrário de seus sucessores comportamentalistas americanos e russos, James concebia a consciência como o fluxo de um rio e a psicologia como a descrição dos estados de consciência como tais.

Embora tenha sido um dos fundadores da psicologia científica, muito cedo se desiludiu com o reducionismo da visão positivista da mente. Em 1896, em Boston, deu uma série de palestras, conhecidas como "Palestras Lowell", nas quais trata, além de uma série de assuntos de seu interesse, como sonhos e hipnotismo, do mundo limitador da psicologia científica. Dessas palestras surgiria mais tarde o famoso livro *As variedades da experiência religiosa*.*

A princípio, influenciado por sua formação em anatomia e fisiologia, James construiu uma teoria das emoções que, embora se aproximasse da visão comportamentalista, não reduzia a consciência a um epifenômeno do cérebro, pois distinguia vários aspectos no eu pessoal: o material ou corporal, o social e o espiritual, que considerava como o próprio centro e núcleo do eu, o verdadeiro santuário de cada um. Depois de ler o livro *Consciência cósmica*, de Richard Bucke, James escreveu-lhe uma carta dizendo: "Acredito que o senhor acabou trazendo esse tipo de consciência ao foco da atenção dos estudiosos da natureza humana de uma maneira tão definitiva que será impossível, daqui para frente, passar por cima dela ou ignorá-la (...). Mas a minha reação total ao seu livro, meu caro senhor, é de que ele é um acréscimo de primeiríssima importância e de que o senhor prestou um grande serviço a todos nós".[3]

A religião é encarada por ele como uma vivência pessoal, e não como a crença institucionalizada na experiência alheia. O que ele enfoca é a experiência individual direta com o divino, que chamou de "religião pessoal" e distinguiu das instituições religiosas e das teologias sistematizadas. A religião sobre a qual William James fez a sua reflexão é a dos "(...) sentimentos, atos e experiência de indivíduos em sua solidão, na medida em que se sintam relacionados com o que possam considerar divino".[4]

Para esse filósofo e psicólogo, a religiosidade era a crença na existência de uma ordem invisível, espiritual, da qual o mundo visí-

---

* Publicado pela Editora Cultrix, São Paulo, 1991.

vel é parte. O bem supremo residia no ajustamento harmonioso a um universo superior, do qual provinha a significação. A oração e a comunhão com o espírito desse universo produziriam efeitos psicológicos e materiais dentro do mundo fenomênico. Para James, a essência da experiência religiosa consistia em a pessoa identificar o seu eu real "com a parte embrionária superior de si mesma" e, além de conscientizar-se da presença dessa parte superior que estava acima dos limites pessoais no universo, com ela manter um contato efetivo. A "parte embrionária superior" descrita por James corresponde à noção de *Self* — a divindade interior — de Jung.

Nesse mesmo livro, ele faz a crítica do materialismo reducionista e grosseiro da medicina que nega Deus e a alma e circunscreve as experiências místicas e religiosas à doença: "O materialismo médico dá cabo de São Paulo ao explicar a sua visão na estrada de Damasco como uma descarga violenta do córtex occipital, visto ter sido ele epiléptico. Tacha Santa Teresa de histérica, São Francisco de Assis de vítima de uma degenerescência hereditária. O descontentamento de George Fox com as imposturas do seu tempo e o seu anseio de veracidade espiritual são conseqüências de um desarranjo no cólon".[5] Mesmo depois de tantos anos e algumas modificações importantes na visão médica, a concepção da experiência espiritual como um tipo de patologia ainda permanece na medicina, juntamente com a redução do afetivo e do emocional ao somático e a negação da realidade da dimensão psíquica e do inconsciente.

Para William James, o pensamento racionalista não podia e não devia tentar explicar as experiências da consciência em um nível profundo da natureza psíquica, porque a sua abordagem se limitava ao sensorial e ao visível. Portanto, as grandes intuições religiosas, artísticas e mesmo científicas estavam fora do seu âmbito de compreensão. William James viu o inconsciente como o portal para a realidade espiritual, para um outro tipo de consciência. Para ele, a consciência normal do homem — a consciência racional, como é denominada — era apenas um tipo especial de consciência dentre várias outras formas potenciais inteiramente diferentes, de cuja existência o homem comum não poderia suspeitar jamais. Mas tanto os místicos orientais quanto os ocidentais conhecem muito bem essa outra forma de apreensão da realidade que transcende não só o pensamento racional, mas também a percepção sensorial. O conhecimento que dela provém é chamado pelos budistas de "conhecimento absoluto". Nenhuma explicação do universo pode ser total se não levar em conta essas outras formas de consciência.

William James não era contra a ciência — o que ele criticava eram os excessos do pensamento racionalista, que levava a ciência a desvalorizar outras formas de percepção e negava tudo aquilo que não podia explicar por meio de sua abordagem: "O mundo da nossa experiência consiste sempre de duas partes, uma objetiva e outra subjetiva; a primeira pode ser incalculavelmente mais extensa do que a última, mas a última nunca pode ser omitida nem suprimida".[6] Ele defendeu o equilíbrio entre a ciência e a religião, mostrando a necessidade de valorizar o aspecto religioso, emocional, afetivo e intuitivo da experiência humana.

O cientista e escritor Rudolf Steiner (1861-1925) ficou conhecido no final do século passado pelo seu estudo sobre o trabalho científico de Goethe: aos 20 anos de idade, a convite do Arquivo de Goethe, em Weimar, Alemanha, organizou a publicação completa dos escritos científicos do poeta. Embora esse fato tenha sido decisivo na vida e no desenvolvimento espiritual de Steiner, foi mais diretamente influenciado pela teosofia de Helena Blavatsky e Annie Besant que ele procurou fazer a ligação entre a ciência e a espiritualidade, criando um método científico para o estudo da natureza espiritual do homem e da terra que chamou de "antroposofia".

Como acreditava que o esoterismo deveria ter um sentido prático na vida das pessoas, Steiner também desenvolveu uma linha de conduta para o treinamento espiritual. A base filosófica para essas atividades é descrita no livro *Filosofia da liberdade*, em que afirma a importância do pensamento claro e consciente como o primeiro passo em direção à compreensão do mundo supra-sensível. Seus métodos de pesquisa — aplicados na Escola Waldorf, por ele mesmo fundada — baseavam-se em seu entendimento dos estágios de desenvolvimento da consciência humana e da necessidade da liberdade.

No livro *Theosophy*, Rudolf Steiner descreve a consciência dos vários reinos e sua relação com a consciência humana. Cada reino da natureza possuiria uma forma distinta de consciência, desenvolvida ao longo dos grandes ciclos evolutivos da Terra. A Terra teria passado por um processo de condensação progressiva, de um estado espiritual para um estado cada vez mais denso e físico. Nesse processo, ocorrido em uma série de ciclos, cada ciclo teria dado origem a um reino da natureza e a um modo característico de consciência.

A sua descrição fundamental da evolução está no livro *An Outline of Occult Science*. Nesse trabalho, Steiner afirmava que a consciência da humanidade vinha se desenvolvendo como parte da evolução da Terra. Explicando a relação entre a pesquisa científica espiritual e a ciência natural, ele disse que, para sentir-se integrado à Terra e melhorar-lhe a condição e a saúde, o ser humano deveria reconhecer-lhe as forças espirituais e trabalhar com elas. Assim, para não atrasar o seu próprio processo evolutivo, a humanidade deveria participar conscientemente do processo evolutivo da Terra e das forças espirituais.

O filósofo e matemático russo P. D. Ouspensky, autor de *A quarta dimensão* (1909) e *Tertium Organum** (1912) viria a conhecer G. I. Gurdjieff em 1915. A partir desse encontro, Ouspensky tornou-se o principal intérprete e divulgador das idéias do mestre, que registrou principalmente no livro *Em busca do miraculoso*, escrito em 1949, um ano depois da morte de Gurdjieff. Os dois estudiosos — para os quais o árduo caminho do autoconhecimento passava pela busca espiritual — viam no homem um ser fragmentado e aprisionado entre vários e falsos "eus", por eles descritos como:

---

* Publicado pela Editora Pensamento, São Paulo, 1988.

1. Ego indolente: faz da preguiça uma paixão, mas é especialista em perceber as falhas dos outros.
2. Ego ressentido: ressente-se de tudo e sente-se culpado por tudo.
3. Ego bajulador: sente-se diferente, mas pensa que ninguém reconhece a sua diferença ou lhe dá atenção.
4. Ego impulsivo: tem um cargo ou um emprego importante e faz dele o centro de tudo, alienando-se totalmente de sua vida interior.
5. Ego melão: é triste, mas não sabe por quê. Vive esperando pelo amante ideal que nunca chega.
6. Ego sensível: muito sensível consigo mesmo, não deseja ser percebido senão de um modo específico; do contrário, prefere esconder-se.
7. Ego covarde: tremendamente inseguro, sente medo de si mesmo e dos outros.
8. Ego planejador: acha que tem um destino importante, mas nunca o realiza.
9. Ego vingador: está sempre se punindo e se autodestruindo.

Todas as pessoas têm dentro de si mesmas um pouco de todas essas características, mas uma delas tende a predominar. Assim fragmentado, sem a unidade num eu verdadeiro, o ser humano vive naquele estado de sono acordado chamado de personalidade ou *persona*. Dessa forma, escondido atrás dessa personalidade, o eu verdadeiro fica impedido de expressar-se.

Esse eu descrito por Ouspensky e Gurdjieff é o eu unificador, ou eu permanente, que corresponde ao *Self* junguiano e só pode ser alcançado por intermédio de árduo trabalho interno. A busca do eu permanente e a crença de que a possibilidade de evolução psíquica e espiritual está ao alcance do homem aproxima Gurdjieff de Jung, embora seus métodos sejam muito diferentes.

Ouspensky e Gurdjieff fundaram em Fontainebleau, Paris, o Instituto para o Desenvolvimento Harmônico do Homem, cujo método básico era o trabalho. Eles acreditavam que todo discípulo deveria realizar algum tipo de trabalho — e quanto mais dificuldade e resistência sentisse, melhor. Assim, conseguiria libertar-se do peso de seus hábitos e utilizar suas energias de forma mais consciente e eficaz. Apesar de ter uma finalidade espiritual, esse método não deixava de estar contaminado pelas idéias mecanicistas. Algumas das idéias de Ouspensky e de Gurdjieff influenciariam, mais tarde, a psicologia transpessoal e a psicologia sagrada, em especial por intermédio de Cláudio Naranjo e Jean Houston, respectivamente.

Rudolf Otto, teólogo e historiador das religiões, publicou em 1917 o livro *Das Heillige* (*O sagrado*), que obteve grande repercussão mundial. Nele analisou as formas da experiência religiosa e, com clareza científica, mostrou os conteúdos e as características que a distinguem — principalmente em seu aspecto irracional e emocional — das experiências comuns. Para ele, o irracional não era negativo; simplesmente consistia em algo que, por sua profundidade, escapava, não ao sentimento, mas a uma definição conceitual. Portanto, a vivência do lado irracional da alma seria uma poderosa fonte de conhecimento: "Os elementos irracionais da nossa categoria do sagrado conduzem-nos a algo de mais profundo ainda do que a 'razão pura' tomada no seu sentido habitual, ao que o misticismo chamou, com razão, ao fundo da alma. As idéias do numinoso e os sentimentos correspondentes são, assim como os elementos racionais, idéias e sentimentos absolutamente puros (...)"[7]. Segundo Otto, havia um princípio vivo em todas as religiões, cuja vitalidade se manifestava com uma força que ele chamou de sagrada ou numinosa: "Falo de uma categoria numinosa como de uma categoria especial de interpretação e de avaliação e, da mesma maneira, de um estado de alma numinoso que se manifesta quando essa categoria se aplica, isto é, sempre que um objeto se concebe como numinoso. Essa categoria é absolutamente *sui generis*; como todo dado originário e fundamental, é objeto não de definição no sentido estrito da palavra, mas somente do exame"[8]. A seu ver, o sagrado aparece como princípio vivo em todas as religiões e implica a idéia do bem e do bom absolutos, como o *Kadosh* e o *Hagios* do judaísmo ou o *Sanctus* e o *Sacer* do cristianismo. Para Otto, o numinoso — possuindo a qualidade de *mysterium tremendum* ou *mysterium fascinans*, de poder, de superioridade, de majestade, de esplendor, de estranheza, de fascínio e de oculto — é onde se manifesta a perfeita plenitude do ser. Assim, define o numinoso como qualquer coisa de *ganz andere*, isto é, pertencente a uma ordem radical e totalmente diferente da das outras realidades. No entanto, é um sentimento comum, presente em todas as experiências místicas. Em *Misticismo, Oriente e Ocidente*, diz que é esse sentimento que torna semelhantes as experiências místicas: "(...) o misticismo é o mesmo em todas as épocas e lugares. Esta experiência atemporal e independente da história sempre foi idêntica".[9] Otto refere-se à experiência mística como uma experiência importante, plena do significado que brota da mais profunda fonte de conhecimento que há na alma humana. Essa fonte de conhecimento existe em estado latente e gera convicções e sentimentos que diferem, por sua natureza, de tudo que a percepção sensível pode dar.

Jan Christian Smuts, filósofo, general e estadista, foi o precursor do paradigma holístico atual. A palavra holismo — derivada do grego *hólos*, totalidade — foi concebida por Smuts como a atividade sintética, organizadora e reguladora do universo, que explica todos os agrupamentos e sínteses estruturais nele existentes, desde o átomo e as estruturas físico-químicas até a personalidade humana, passando pelas células, pelos organismos e pela mente dos animais. No livro *Holism and Evolution* (1926), procurou definir a natureza da evolução com base na existência de um princípio subjacente — ou tendência holística integradora — fundamental no universo. O impulso de síntese da natureza é dinâmico, evolucionário e criativo e progride no sentido da complexidade, de uma integração e um aprofundamento espiritual cada vez maiores.

Para o filósofo, a totalidade está presente em toda a natureza, e esta é hierárquica. Cada parte se insere em um todo maior que, por sua vez, é parte de um todo ainda mais amplo. O universo tende a produzir totalidades de nível cada vez maior, mais abrangente e mais organizado. Segundo Smuts, o holismo mostra que o sentido profundo e a própria direção do universo se encontram no impulso para a totalidade, que leva a conjuntos cada vez maiores e mais perfeitos. Na sua concepção de evolução criativa, Smuts vê o holismo como "um fator operativo fundamental, referente à criação de conjuntos no Universo". Este "não é uma coleção de acidentes ajuntados externamente, tal qual uma colcha de retalhos: ele é sintético, estrutural, ativo, vital e criativo de maneira crescente, cujo desenvolvimento progressivo é moldado por uma atividade operativa holística única, que abrange desde os mais humildes organismos, até as criações e idéias mais sublimes do Espírito humano e universal".[10] Smuts concebeu uma continuidade evolutiva entre matéria, vida e mente: "Matéria, Vida e Mente, longe de serem descontínuos e distintos *(sic)*, aparecerão como séries mais ou menos interligadas e progressivas do mesmo grande processo. E esse processo aparecerá como sendo subjacente e como explicação das características de todos os três *(sic)*, e dará à evolução, tanto inorgânica como orgânica, a continuidade que ela parece não possuir, de acordo com as idéias científicas e filosóficas atuais".[11]

O seu conceito de mente vai além da mente subjetiva individual, pois esta é somente um aspecto da mente universal. Mas a mente individual e a universal se enriquecem e se complementam mutuamente — o que, no nível da personalidade, resulta na criação de um novo mundo de liberdade espiritual. Para ele, a mente é um tipo de estrutura de natureza imaterial ou espiritual. A personalidade humana — o grau mais alto do processo evolutivo — é constituída de um conjunto, cujo agente criador é o holismo, que integra corpo e mente. Smuts acreditava que o universo se tornava cada vez mais consciente. Para ele, na própria mente haveria um princípio de complementaridade: da mesma forma que a matéria viva, também a mente evoluiria para níveis cada vez mais elevados porque ela é inerente à matéria. O objetivo da personalidade é a auto-realização, mas no sentido de uma ordem holística universal e não só pessoal.

Preocupado com a visão fragmentada da realidade do homem ocidental, Pierre Teilhard de Chardin (1881-1955), um dos mais importantes teóricos do século XX, elaborou uma grande síntese científico-teológico-filosófica na tentativa de fornecer uma visão mais completa do mundo e do homem. Embora a sua formação não fosse a filosofia — ele era paleontólogo e geólogo —, escreveu e refletiu sobre a condição humana.

Chardin tinha consciência do sentido da totalidade e da evolução: "Ser mais é unir-se cada vez mais". Ele via a evolução humana como a consciência em ascensão, num processo que conduzia a uma integração e a um ser mais completo. A noosfera era para ele uma invisível teia planetária de consciência em evolução. A evolução no homem é auto-evolução, um processo em que cada etapa evolutiva constitui um aumento de consciência, uma criação de "mais-ser", um enriquecimento ontológico: "Quanto mais o Homem se tornar Homem, menos aceitará movimentar-se a não ser na direção do interminavelmente e do indestrutivelmente novo. Algum absoluto se encontra implicado no próprio jogo de sua operação".[12] A humanidade, assim, iria evoluindo por meio do homem e de cada um dos homens.

Chardin elaborou uma nova concepção da realidade, a "visão hiperfísica", segundo a qual tudo, das partículas atômicas às galáxias, passando pelas plantas, pelos animais e pelo homem, é um só todo dinâmico, um processo que se vai orientando e evoluindo ao longo do espaço-tempo e que culminará na pura espiritualidade. O cosmo, como um todo, caminha para uma evolução desde o menor até o maior, a qual terminará no Ponto Ômega. Tudo, inclusive o processo evolutivo, é atraído para o Ponto Ômega. Essa culminância não é o fim, mas o auge do processo. A vida é, para Chardin, um processo evolutivo que se encaminha dinamicamente para uma consciência maior.

No livro *Cristianismo e evolução*, ele identifica essa consciência com o Cristo Cósmico: "Apenas suponhamos que identifiquemos (...) o Cristo Cósmico da fé com o Ponto Ômega da ciência: então tudo é clarificado e amplificado, recaindo em harmonia. Primeiro, o termo da evolução físico-biológica do mundo não mais parece indeterminado à nossa razão: recebeu um pico concreto, um coração, uma face. Em segundo lugar, existe o efeito sobre a nossa fé. As propriedades exageradas pela tradução, atribuídas à palavra encarnada, perdem o seu caráter metafísico e jurídico; assumem o seu lugar suave e realisticamente entre e no tipo das correntes mais fundamentais atualmente reconhecidas pela ciência".[13]

A sua obra *O fenômeno humano** é uma descrição da totalidade cósmica, na qual afirma que, com a consciência, o homem traz a maior contribuição à fenomenologia do cósmico. Chardin dizia que tanto os materialistas — com sua visão mecanicista, que reduz os fenômenos da natureza a processos mecânicos — quanto os espiritualistas — que opõem a matéria ao corpo e o consideram mero servo do espiritual —, colocando-se em posições extremas, difíceis de se encontrar, não viam senão metade do problema. Essa dificuldade aumentava quando se tratava de definir o que fosse a energia: "Em parte alguma se evidenciam mais cruamente as dificuldades em que ainda estamos para agrupar espírito e matéria numa mesma perspectiva racional. E em parte alguma, também, manifesta-se mais tangivelmente a urgência de lançar uma ponte entre as duas margens, física e moral, de nossa existência, se quisermos que se animem mutuamente as faces espiritual e material de nossa atividade".[14]

Chardin acreditava que essas duas posições poderiam ser sintetizadas numa espécie de fenomenologia ou física generalizada em que, tanto quanto a face externa do mundo, a interna também seria levada em consideração. Ele via a religião e a ciência como "(...) as duas faces ou fases conjugadas de um mesmo ato completo de conhecimento, o único que pode abarcar, para contemplá-los, medi-los e consumá-los, o Passado e o Futuro da Evolução".[15] Em *O fenômeno humano*, ele diz que, a despeito do antagonismo entre a ciência e a religião, com o desenvolvimento humano, a sua conjunção se dará e adquirirá força e penetração.

---

* Publicado pela Editora Cultrix, São Paulo, 1988.

No ensaio *O espírito da terra*, Chardin profetizou uma conspiração — que mais tarde seria confirmada por Marilyn Ferguson em *A conspiração aquariana* —, na qual homens e mulheres de todas as camadas da sociedade, empenhados em elevar a um novo estágio o edifício da vida, desencadeariam uma mudança crítica e significativa na visão de mundo. Ele acreditava que foi a intuição mística da unicidade presente nos vários fenômenos do mundo o que deu origem à busca da substância subjacente que formou o cosmo e que foi essa busca que deu início ao desenvolvimento da ciência.

Em 1929, Alfred North Whitehead publicou *Processo e realidade*, livro no qual descreve a realidade como um fluxo cujo contexto é a mente, em vez de algo tangível e objetivo. Ele descreve a natureza "como um grande nexo de acontecimentos em expansão e que não é limitada *(sic)* pela percepção dos sentidos. Dualismos tais como mente/matéria são falsos; a realidade é inclusiva e intercomunicante".[16] Whitehead, além de matemático, foi um dos filósofos mais importantes deste século e o seguidor espiritual de William James; ele deu uma valiosa contribuição teórica para a formação de uma visão unitária e orgânica da vida. Além disso, elaborou as noções de "organismo" e "existência vibratória", segundo a qual todos os elementos fundamentais são, em sua essência, vibratórios. Conforme essa noção, todas as coisas e acontecimentos geralmente considerados inconciliáveis — tais como causa e efeito, sujeito e objeto, espírito e matéria, objetivo e subjetivo — são, na verdade, aspectos de uma mesma onda, de uma mesma e única vibração, pois a realidade sempre está na unidade e inter-relação dos opostos. Ele formulou uma teoria do tempo que une o objetivo e o subjetivo. O lado objetivo assimila as experiências do passado e leva o presente ao passado. Assim, cria a irreversibilidade, de forma que aquilo que aconteceu não pode ser desfeito. O subjetivo, como sempre precede a manifestação objetiva, não pode ser conhecido como objeto. Whitehead afirmou que cada elemento do universo é um fluxo e refluxo das vibrações de uma atividade ou energia subjacente. Mas o homem, na atividade de conhecer, bifurca a realidade e estabelece a dualidade.

E, assim, "dividindo a túnica inconsútil do universo", violenta esse universo que procura entender.

Para Whitehead, por mais útil que seja no dia-a-dia, o processo de abstração da realidade é, em última análise, falso porque recorta as características salientes do objeto e ignora o todo. Oposta a essa forma de conhecimento é a "preensão", que ele descreve como um sentir íntimo, direto, não-abstrato e não-dual da realidade. O seu pensamento estava perfeitamente inserido na corrente de pensamento contemporânea que vê a totalidade subjacente das coisas e rejeita a visão dualista e fragmentária do mundo. A sua aproxima-se da visão do budismo e da física quântica, que concebe a realidade como uma totalidade, na qual todas as coisas estão interligadas.

Todos esses pensadores possuíam uma visão em que, além de implícita a integração entre ciência e espiritualidade, naturalmente estava presente a idéia da totalidade e da inter-relação de todas as coisas. O novo universo conceitual que se estava construindo facilitou a aplicação e a experimentação de suas idéias no nível concreto e prático.

Em 1947, o físico Dennis Gabor usou o cálculo diferencial integral, criado por Leibniz, para descrever uma fotografia tridimensional potencial, a holografia. No ano seguinte, postulou a teoria holográfica, que só viria a ser confirmada na década de 60, quando a descoberta do *laser* tornou possível a construção do primeiro holograma. Finalmente comprovada, a teoria holográfica de Gabor valeu-lhe o Prêmio Nobel de 1971.

A "holografia é um método de fotografia sem lentes, no qual o campo de ondas da luz espalhada sobre um objeto é registrado numa chapa sob a forma de um padrão de interferência. Quando o registro fotográfico — o holograma — é exposto a um feixe de luz coerente, como um *laser*, o padrão ondulatório original é regenerado. Uma imagem tridimensional aparece". E se o holograma for partido, qualquer pedaço dele reconstruirá a imagem inteira e assim indefinidamente. Essa era a confirmação prática da teoria holográfica da totalidade e do inter-relacionamento de tudo que existe. A parte está contida no todo e o todo, na parte.

Após décadas de pesquisa, Karl Pribram, neurocientista da Universidade de Stanford, aplicando a teoria holográfica ao estudo dos processos cerebrais, chegou à conclusão de que a "estrutura profunda do cérebro" é essencialmente holográfica. Segundo sua hipótese, o cérebro é um grande holograma, pois cada neurônio guarda em si informações sobre todo o cérebro.[17] Mais tarde, Pribram descobriu que o físico David Bohm também comparava o universo a um grande holograma, pois sua organização era holográfica. Esse era um ponto de partida importante para uma nova descrição da realidade, a ordem implicada ou dobrada.

Depois do encontro com Bohm, Pribram propôs o modelo holográfico para o funcionamento cerebral, unindo a pesquisa do cérebro à física teórica. Segundo esse modelo, a memória se distribui por todo o cérebro e qualquer parte dele contém a informação total. O modelo holográfico também procura fazer a síntese entre ciência e espiritualidade, pois "leva em conta a percepção normal e, ao mesmo tempo, transfere as experiências paranormais e transcendentais para fora do campo do sobrenatural, explicando-as como parte da natureza".[18] Do intercâmbio entre Karl Pribram e David Bohm resultou a seguinte síntese: "Nossos cérebros constroem matematicamente a realidade 'concreta', interpretando freqüências provenientes de outras dimensões, um domínio da realidade primária, significativa e padronizada, que transcende tempo e espaço. O cérebro é um holograma interpretando um universo holográfico".[19]

Segundo a teoria holográfica, o cérebro pode apreender, simultaneamente, percepções normais, transcendentais e paranormais. Para Pribram, a experiência mística não é mais estranha que outros fenômenos da natureza e pode permitir acesso ocasional à realidade quântica descrita pelos físicos: não é que o mundo das aparências esteja errado e os objetos não existam em um nível de realidade — mas, ao se observar o mundo por meio de um sistema holográfico, chega-se a uma realidade diferente, capaz de explicar coisas que até então permaneciam inexplicadas pela ciência. Porém, como disse o próprio cientista, ainda será preciso algum tempo para que as pessoas aceitem naturalmente a idéia de que há uma outra ordem de realidade que não a do mundo das aparências.

Arthur Koestler também pode ser considerado um dos precursores da visão holística. Em 1967, ele desenvolveu o conceito de hólon, que focaliza a dinâmica do todo e de suas partes. Hólons são, simultaneamente, todo e partes. Para Koestler, essas categorias, consideradas em sentido absoluto, não existem. O hólon apresenta duas tendências, aparentemente opostas, mas complementares: a tendência integrativa, que une a parte ao todo maior, e a tendência auto-afirmativa, que preserva a autonomia individual da parte. Todas as coisas, das mais simples às mais complexas, das moléculas ao seres humanos, podem ser consideradas como todo porque são estruturas integradas e, ao mesmo tempo, partes de um todo pertencente a um nível maior de complexidade. Cada hólon afirma a sua individualidade para manter a ordem estratificada do sistema, mas também está sujeito às necessidades do todo. O pensamento fragmentador, que tanto permeou a civilização ocidental, nega justamente essa funcionalidade integrada e, com isso, gera atitudes também fragmentadoras. Mas, graças ao surgimento de conceitos como o de hólon, que culminaram com a construção e o desenvolvimento do paradigma holístico, ele está sendo finalmente superado.

Embora venha sendo gestada há algum tempo nas diversas áreas do conhecimento, essa nova forma de ver e abordar a realidade só foi nomeada pela primeira vez em 1980, pela psicóloga francesa Monique Thoenig, fundadora da Universidade Holística de Paris, pioneira e divulgadora da formação em psicologia transpessoal: "Cada ser humano é um templo onde a vida se revela a si mesma. O que uma pessoa pode esperar de outra, uma criança de um adulto, a não ser que ela lhe permita se revelar a si mesmo? *(sic)* Não é lá onde se situa a educação? Cada vida é um espaço no tempo, onde se desenvolve a história humana (...). O modo de transmissão da herança cultural e espiritual deve favorecer a expansão e a liberdade do ser".[20]

A abordagem holística é uma reação à tendência para a separação e para o reducionismo que impede o homem de perceber a vida como um todo inter-relacionado, coerente e harmonioso: "O paradigma holístico representa uma revolução científica e epistemológica que emerge como resposta à perigosa e alienante tendência fragmentária e reducionista do antigo paradigma".[21] Segundo esse paradigma, todo o universo se acha interligado e organizado hierarquicamente.

A visão holística da realidade vem sendo adotada há algum tempo por teóricos de várias áreas do conhecimento. Ela propõe uma nova forma de ver e compreender o mundo, baseada no inter-relacionamento dinâmico de ciência, arte, filosofia e tradições espirituais e representa uma tentativa de síntese do conhecimento do Oriente e do Ocidente. Naturalmente, ela se contrapõe à visão dualista, mecanicista, compartimentada e fragmentadora que levou o homem à dissociação da percepção. A visão holística faz parte de uma tendência revolucionária de mudança radical da consciência, que vinha sendo engendrada há algum tempo e agora começa a provocar transformações visíveis. Marilyn Ferguson, no livro *A conspiração aquariana*, diz: "Trata-se de uma mudança definitiva e abaladora na mentalidade que está ocorrendo em todo o mundo. Uma rede poderosa, embora sem liderança, está trabalhando no sentido de provocar uma mudança radical nos Estados Unidos [e em todo o mundo]. Seus membros romperam com alguns elementos-chave do pensamento ocidental, e até mesmo podem ter rompido com a continuidade da História. Essa rede é a Conspiração Aquariana: uma conspiração sem doutrina política, sem manifesto, com conspiradores que buscam o poder apenas para difundi-la, e cujas estratégias são pragmáticas, até científicas, mas cujas perspectivas parecem tão misteriosas que eles hesitam em discuti-las".[22] Ferguson diz que essa conspiração está a favor de uma nova ordem, de uma nova mentalidade, de uma nova consciência e de uma nova visão de mundo que reúnam a vanguarda da ciência e as visões dos mais antigos pensamentos registrados.

A necessidade de adoção da visão holística — mais totalizante, orgânica, sistêmica, harmoniosa e dinâmica — tornou-se imperativa.

Como diz Pierre Weil, "a visão holística busca dissolver toda espécie de reducionismo: o científico, o somático, o religioso, o niilista, o materialista ou substancialista, o racionalista, o mecanicista e o antropocêntrico, entre outros".[23] O homem caminha, cada vez mais, para uma grande síntese, que se expressa tanto na visão de mundo quanto no desejo de autodesenvolvimento integral. A nova concepção da realidade que está sendo construída é não-fragmentada porque é holística e, assim sendo, une a ciência à espiritualidade, a matéria ao espírito, o corpo à mente, o Oriente ao Ocidente, o lado direito ao lado esquerdo do cérebro. Ela reinveste a natureza de seu aspecto sagrado, vê o cosmo como vivo e o mundo como um todo unificado e interdependente. Como previu o historiador Arnold Toynbee, uma minoria criativa, voltando-se para o mundo interior da psique, pôde conceber a visão de um novo tipo de vida para a nossa conturbada civilização, no qual é significativa a influência espiritual do Oriente sobre o Ocidente.

Nesse novo paradigma, a consciência da realidade que emerge é espiritual, ecológica, artística e ética, pois leva em conta os prejuízos que pode acarretar uma visão de mundo que dessacralize a natureza e separe a matéria do espírito, o imanente do transcendente. É a noção de unidade e de inter-relação que pode conscientizar o homem de sua responsabilidade, pois qualquer ato afeta a totalidade. Essa abordagem é revolucionária porque pressupõe uma mudança na consciência coletiva e conduz a uma nova cosmovisão, uma nova epistemologia, uma nova ciência. Como a visão holística pode ser aplicada às mais diversas áreas do conhecimento, o movimento holístico por uma nova compreensão da realidade vem ganhando a adesão de muitos cientistas e teóricos.

Em consonância com a teoria holística, o cientista inglês James Lovelock propôs a hipótese Gaia, segundo a qual a própria vida cria e mantém condições ambientais precisas e favoráveis para continuar existindo. A Terra é um organismo vivo que é sustentado e regulado pela vida que existe em sua superfície. O ambiente geológico não é apenas o produto e as sobras da vida já decorrida, mas também uma criação ativa de coisas vivas. Para Lovelock, os organismos vivos se renovam continuamente e regulam o equilíbrio químico do ar, dos mares e do solo, de modo a assegurar o prosseguimento de sua existência. Portanto, ele vê Gaia como um organismo vivo, formado pela associação entre partes vivas e não-vivas que afetam umas às outras e se auto-estabilizam, de modo a manter a temperatura da Terra relativamente constante e o equilíbrio químico dentro de limites favoráveis à vida. Diz Lovelock: "Gaia, como eu a vejo, não é uma mãe que, excessivamente amorosa, seja tolerante em face da má conduta, nem é frágil e delicada donzela em perigo frente à brutal humanidade. Ela é dura e severa, sempre mantendo o mundo aquecido e confortável para aqueles que obedecem às regras, mas implacável em sua destruição daqueles que as transgridem".[24] Para o cientista, Gaia, como os gregos chamavam a Terra, é um ser planetário total, formado pela biosfera, a parte da terra onde os seres vivos habitam, pelo conjunto dos organismos vivos existentes em sua superfície, que constitui a chamada biota, e pelo tempo — o passado, que remonta à origem da vida, e o futuro, enquanto a vida persistir. A evolução da vida diz respeito a Gaia como um todo, e não aos organismos e ambientes separados.

Renée Weber, como filósofa que adota a visão holística, busca o sentido da unidade das coisas com a firme convicção de que os opostos podem ser reconciliados. Ela, que nunca aceitou essa separação, dedicou-se a buscar a unidade como uma verdadeira odisséia espiritual, interrogando cientistas e sábios do Ocidente e do Oriente. Considerando que a filosofia deixara de se preocupar com as questões maiores da vida — a Verdade, Deus, a Alma, o Destino, a Iluminação, o Universo, a Imanência e a Transcendência —, não quis empreender a sua busca por meio da filosofia.

Renée Weber persegue a unidade e a integração da filosofia à ciência e à espiritualidade. Na sua busca, ela se dedicou ao estudo da física, da química e da biologia, ao mesmo tempo em que estudava o misticismo oriental que pregava a presença de um princípio único na natureza. Ela diz: "Fui atraída pela ciência porque ela procura compreender os fenômenos da natureza em todos os seus pormenores e unificá-los numa única equação abrangente. A tendência para a unificação é mais um liame entre os objetivos da ciência e do misticismo. Eis o que me atrai em ambos".[25] Para a filósofa, o misticismo é a experiência de unidade com a realidade; assim, ciência e misticismo são duas abordagens válidas da natureza.

Para Weber, Albert Einstein e David Bohm são exemplos de cientistas que compreenderam profundamente a relação entre a ciência e a espiritualidade — especialmente Bohm, que, segundo ela, constitui uma rara combinação de cientista e místico numa só pessoa. Weber busca a integração entre ciência e misticismo porque, ao contrário do que aprendeu, não são excludentes — ela acredita que podem ser unificados e enriquecer-se mutuamente, pois são perspectivas insubstituíveis da realidade que não podem passar uma sem a outra. O místico pode dar a sua contribuição à ciência, mostrando que a natureza não é um amontoado simples de dados sensoriais, mas uma realidade única, cuja grandiosidade e beleza podem ser experimentadas em múltiplos níveis. E o cientista pode restaurar o interesse do místico pelo mundo cotidiano e fazê-lo ver que a busca do conhecimento é uma só, que o finito faz parte do infinito.

Guiada por essa convicção, Renée Weber procurou responder à questão que se propôs: O que o cientista e o místico podem ensinar um ao outro? Para isso realizou entrevistas com inúmeros homens da ciência e da espiritualidade voltados para a questão da unidade, cujo resultado está no livro *Diálogo com cientistas e sábios.** Weber acredita que, apesar das diferenças entre a ciência e a espiritualidade, existe algo que as liga fortemente: a busca do conhecimento e da unidade, que é, em si mesma, uma senda espiritual. E sua meta é justamente alcançar essa unidade, promover a junção entre as duas possibilidades de abordagem do universo, a ciência e a espiritualidade: "A percepção da unidade e da interligação de todos os seres leva —

---

* Publicado pela Editora Cultrix, São Paulo, 1988.

se é consistente — a uma empatia para com o próximo. Expressa-se como reverência à vida, compaixão, sentimento de fraternidade com a humanidade sofredora e uma tendência para curar a nossa Terra ferida e os seus habitantes".[26]

A visão holística influenciou e se estendeu a todas as áreas da ciência. Ilya Prigogine, químico, físico e filósofo belga ganhou o Prêmio Nobel em 1977 por sua teoria das estruturas dissipadoras, na qual afirma que o mundo vivo é probabilístico, estabelecendo assim a ponte entre a biologia e a física. "Estruturas dissipadoras" é a expressão que ele empregou para denominar os sistemas abertos, mostrando que quanto mais complexa ou coesa é uma estrutura, maior a instabilidade e maior a quantidade de energia que terá de ser despendida para manter a complexidade de todas as conexões envolvidas. Como essas conexões só podem ser mantidas por um fluxo de energia, o sistema se encontra sempre fluindo. O fluxo de energia deixa o sistema altamente instável, sujeito a súbitas mudanças e grandes flutuações internas. E a instabilidade é que leva à transformação. A vida tem a potencialidade de criar novas formas a partir do abalo de velhas formas. A dissipação de energia cria o potencial para a reorganização súbita não-linear: "Os elementos do velho padrão entram em contato uns com os outros de novas maneiras e estabelecem novas conexões. As partes se reorganizam em um novo todo. O sistema passa a uma ordem superior".[27] As estruturas dissipativas formam sistemas de reações químicas auto-renovadoras. Prigogine também mostrou que existe um princípio ordenador subjacente a elas, o qual chamou de "ordem por meio da flutuação". Prigogine declarou que a sua visão do vir a ser tem uma semelhança com a concepção filosófica de Bergson e Whitehead e com a visão mística da filosofia oriental.

No campo da bioquímica, Albert Szent-Gyorgyi, o descobridor da vitamina C, com base no conceito de sintropia, oposto ao de entropia, sugere que o impulso no sentido de uma ordem maior pode ser um dos princípios fundamentais da natureza. Como Teilhard de Chardin, ele acredita que existe na matéria viva um impulso inerente de evolução e aperfeiçoamento e, por isso, rejeita a idéia darwiniana de que as mutações genéticas acidentais, seguidas por uma seleção natural, sejam responsáveis pelas transformações evolutivas da matéria viva.

Na matemática, destaca-se Ralph Abraham, líder da nova teoria do caos e autor do livro *Dynamics, the Geometry of Behavior*. Para ele, a forma nasce do caos. Há dois princípios: um formativo, que são os campos, e um energético. A energia é o princípio da mudança e a mudança pura seria o caos. Mas existe também uma ordem oculta no caos, que é revelada graças a um novo modo de olhar. Para Ralph Abraham, a repressão do caos resulta numa inibição da criatividade e, desse modo, numa resistência à imaginação. Existem dois poderes: o poder do caos, que é feminino e está situado além da previsão e da apreensão plena e racional, e o poder da imaginação divina. Segundo o matemático, a imaginação, o mais rico legado humano, é o que liga o homem ao divino: "É nossa capacidade poética, nossa capacidade de entrar em ressonância com uma noção de beleza ideal e de criar, sob a forma de arte, aquilo que transcende a nossa própria compreensão".[28] Para ele, a imaginação é uma emanação vinda de cima, o argumento a favor da presença de uma centelha divina no ser humano.

A teoria do caos envolve três níveis: o matemático, que é o espaço dos modelos, das metáforas e imagens criada pela mente; o nível da realidade física, que inclui o mundo da matéria e da energia; e o mundo mental. Mas, intercalado entre os dois, existe um terceiro nível, que surgiu recentemente com a revolução do computador, o qual parece mais real que o nível matemático, mas menos real que a realidade física. Segundo Ralph Abraham, para compreender o que está acontecendo com a História, a criatividade e os processos progressivos de todos os tipos, é necessário reconhecer o estado de completude, que se encontra no fim do caminho, como uma espécie de objeto de dimensão superior que projeta uma sombra enorme e vacilante sobre as dimensões inferiores de organização, uma das quais é o universo.

Na biologia, Rupert Sheldrake, biólogo e filósofo da natureza, é atualmente considerado o pensador mais radical com a sua teoria de campos morfogenéticos e ressonância mórfica. Em 1981, ele publicou um livro chamado *Uma nova ciência da vida*, no qual desafiou as raízes da biologia mecanicista ao defender a hipótese da ressonância mórfica, de acordo com a qual há uma memória inerente na natureza, e relacioná-la à teoria da ordem implicada, de David Bohm. Ele sabia que a idéia de uma memória coletiva, transmitida por meio de um tipo de ressonância não-material, não tinha muitas possibilidades de ser aceita, como de fato aconteceu. Apesar disso, defende a existência de uma espécie de memória inerente a cada organismo, a qual chama de "campo morfogenético" ou "mórfico". Segundo ele, a forma, o desenvolvimento e o comportamento dos organismos são moldados e mantidos pelos campos morfogenéticos, os quais guardam, além da informação contida no código genético, a informação sobre a estrutura dos organismos biológicos. Ele considera a existência de campos que transcendem o espaço e o tempo e funcionam como mensageiros de informações entre organismos da mesma espécie. Com o passar do tempo, cada tipo de organismo cria um gênero específico de memória coletiva cumulativa: "Uma memória cumulativa irá sendo construída na medida em que o padrão for se tornando cada vez mais habitual".[29] Sua teoria se assemelha muito à dos arquétipos e do inconsciente coletivo de Jung.

A teoria dos campos morfogenéticos propõe a existência de um campo, ou estrutura espacial, que é responsável pelo desenvolvimento da forma. E, de acordo com ela, os organismos herdam não somente genes, mas também campos mórficos. Segundo Sheldrake, "os campos mórficos são herdados, não materialmente, mas por ressonância mórfica, não apenas de ancestrais diretos, mas também de outros membros da espécie. O organismo em desenvolvimento sintoniza os campos mórficos de sua espécie e, desse modo, tem a sua disposição uma memória coletiva ou de grupo onde colhe informações para esse desenvolvimento".[30]

A ressonância mórfica implica a existência de um processo auto-seletivo automático. Esse tipo de ressonância depende da similaridade da forma: formas semelhantes influenciarão outras formas semelhantes. Em *Uma nova ciência da vida*, Sheldrake aborda uma dimensão da realidade que denomina de "realidade transcendente", que seria a causa e o propósito do universo. A totalidade do universo é um reflexo da unidade transcendente, da qual o universo depende e da qual se originou. Para ele, a criação depende de alguma realidade não-física ou transfísica de natureza espiritual: "O universo como um todo poderia possuir uma causa e um propósito que o transcendem. Ao contrário deste universo, esta consciência transcendente poderia não apenas estar se desenvolvendo em direção a um objetivo; ela também poderia ser este objetivo. Não estaria se encaminhando para uma forma final; estaria completa em si mesma".[31]

Sheldrake se situa, como biólogo, dentro da corrente de cientistas e filósofos que se empenharam na tentativa de união da visão científica à visão espiritual. Ele propõe que, por meio da noção de finalidade e evolução, se possa chegar a Deus e frisa a necessidade de ressacralização do espaço e do tempo, a qual deve incluir não só o reconhecimento da sacralidade das igrejas, das catedrais e das festas tradicionais, mas também o reconhecimento da importância dos lugares sagrados de todos os tipos e em toda parte. Isso, a seu ver, requer uma versão mais animista do cristianismo e do judaísmo, a qual chamou de "reverdecimento de Deus".

Sheldrake faz parte do movimento científico conhecido como "Gnose de Princeton". Trata-se de um grupo de cientistas — físicos, químicos, biólogos, astrônomos, matemáticos etc. — que, rejeitando o mecanicismo, procura promover a união entre a ciência e a espiritualidade por meio da retomada da busca de Deus e do conhecimento essencial. Todas essas figuras da ciência buscam o conhecimento verdadeiro, além do mundo das aparências, não com o objetivo da utilidade imediata, mas como meio de realização de suas existências, pois é isso que entendem como conhecimento propriamente dito (*gnosis*). Eles se denominam gnósticos porque crêem que o objetivo maior da vida humana deve ser perseguir o conhecimento das verdades essenciais, não só por meio da ciência, mas, sobretudo, da intuição. "O movimento, sem chegar a ser secreto, pretende ser discreto. Os temas gnósticos são principalmente falados, discutidos e, no máximo, mimeografados. Os cientistas, que constituem a maioria dos adeptos, têm como norma não publicar senão o que for estritamente científico. Eles têm uma grande preguiça quando se trata de publicar — embora levem o assunto muito a sério — o que se refere a tudo o que eles chamam de *theology*."[32]

Esse grupo de cientistas é representativo da mudança de valores que se está delineando no mundo. Para eles, a gnose é o conhecimento da realidade supra-sensível, "invisivelmente visível num eterno mistério". O supra-sensível constitui, dentro do mundo sensível e além deste, a energia motora de toda forma de existência. "A tese fundamental da nova Gnose é a de toda Gnose: o mundo é dominado pelo Espírito, feito pelo Espírito, ou por Espíritos delegados. O Espírito encontra (ou antes, cria para si mesmo) uma resistência, uma oposição: a Matéria. O homem, por intermédio da ciência, mas de uma ciência superior, transposta ou espiritualizada, pode chegar ao Espírito — ou Mente Cósmica — e, se for sábio e ao mesmo tempo inteligente, nela encontra a salvação."[33]

Os neognósticos procuram explicar Deus segundo uma concepção científica da natureza e de suas inter-relações. Deus é a origem do universo e do homem. Para eles, Deus é a natureza que se cria num duplo sentido:

a) Como envolvente fundamental, ele constitui a condição geral de um universo de existentes, onde a vida e as interadaptações são possíveis pelas propriedades gerais do espaço-tempo, pelos tipos de ligações e interações, de informação perceptiva ou de participação mnêmica, e, sobretudo, pela possibilidade dada aos seres individuais de extrair dele essências e valores intemporais e supra-individuais para depois convertê-los em suas idéias e em seus valores.

b) Por outro lado, ele é o Atual e o Atualizador de cada ser aqui e agora, pelo menos na medida em que esse ser não se limita a funcionar, mas se comporta segundo um sentido participativo e improvisa novos métodos de utilização do seu próprio domínio.[34]

Os novos gnósticos são os maiores defensores do paradigma holístico. Esse novo paradigma é o modelo de abordagem científica que oferece a possibilidade de junção de todo o conhecimento — científico e espiritual, moderno e antigo — e que faz parte da totalidade da experiência humana, pois pressupõe que o todo está contido em cada parte. Assim, é possível apreender a totalidade por meio das partes e as partes por meio do todo.

Na medicina, Deepak Chopra é o mais recente e fiel representante da concepção holística, pois tanto aceita a ligação entre a mente e o corpo quanto utiliza, simultaneamente, o conhecimento da medicina ocidental e o antigo saber oriental. É por isso que a sua abordagem integrativa da doença e da cura representa o novo pensamento holístico na área da saúde. Ele nasceu em 1947 na Índia, onde se formou em medicina. Em 1971, foi para os Estados Unidos e tornou-se chefe da equipe do New England Memorial Hospital. Atualmente é diretor do Maharishi Ayurveda Health Center, em Lancaster, Massachusetts, e professor-assistente de ciências médico-sociais na Escola de Medicina da Universidade de Boston.

O Dr. Deepak Chopra mostra em seu trabalho a importância da mente, da consciência, da compreensão e da inteligência na superação da doença e no estabelecimento da condição de sanidade. Para ele, a mente influencia o corpo e pode levar tanto à doença quanto à saúde. Essa conexão causal, no entanto, continua negligenciada pela medicina tradicional, embora as últimas descobertas da neurobiologia demonstrem a inter-relação de mente e corpo. Chopra mostra que a consciência profunda é capaz de promover um drástico salto quântico no mecanismo de cura e que essa capacidade deveria ser valorizada pela medicina. Para ele, a cura "envolve um número incrível de processos perfeitamente sincronizados, dos quais a medicina conhece apenas os principais, e de modo imperfeito".[35]

Chopra elaborou um método — que se fundamenta tanto na moderna ciência ocidental quanto na ancestral sabedoria oriental do

Ayurveda e da meditação transcendental — que chamou de "cura quântica". Para ele, a cura quântica se afasta dos métodos da alta tecnologia e penetra nos meandros mais profundos do sistema mente-corpo. É aí, nesse núcleo, que reside o processo de cura e, para atingi-lo, é necessário atravessar todos os níveis mais densos do corpo — cérebro, tecidos, órgãos e sistemas — até atingir o ponto de união entre a mente e a matéria, ponto no qual ele acredita poder a consciência exercer um efeito.

No livro *A cura quântica*, Chopra mostra que o corpo humano é comandado por uma rede de inteligência que, determinando o estado de sanidade e de harmonia com a natureza, é capaz de combater todas as doenças, mesmo doenças como o câncer. Segundo ele, essa inteligência — uma energia muito poderosa que se orienta basicamente para o processo de cura — está presente em todas as partes do corpo e é mais importante do que qualquer outra e, inclusive, do que a própria matéria do corpo.

Segundo o Dr. Chopra, embora seja imaterial, a mente desenvolveu uma forma de trabalhar em parceria com os neurotransmissores e neuropeptídeos, as moléculas comunicadoras ou transmissoras. A descoberta dessas moléculas ampliou o conceito da inteligência do corpo: "O *know-how* transportado pelos neurotransmissores e neuropeptídeos representava algo muito diferente; a alada e fugaz inteligência da mente. A maravilha é que essas substâncias químicas 'inteligentes' não estão apenas no cérebro, cuja função é pensar, mas no sistema imunológico, cujo papel principal é nos defender das doenças. Do ponto de vista de um químico do cérebro, essa súbita expansão das moléculas mensageiras torna seu trabalho mais complexo. Mas, para nós, a descoberta de uma inteligência fluente confirma o modelo do corpo comparado a um rio. Precisávamos de um material básico para afirmar que essa inteligência flui por todo o nosso corpo, e agora o temos".[36]

Para Chopra, os pensamentos desencadeiam a liberação de substâncias químicas para o corpo. A mente e as moléculas mensageiras combinam-se de modo automático e perfeito. Então, em alguma parte do corpo-mente, duas coisas se aliam: uma partícula de informação e uma partícula de matéria. Eventos como um pensamento e uma reação do corpo, que pareciam não ter nenhuma ligação, mostram-se interligados. O papel dos neurotransmissores é combinar-se a um pensamento. O neuropeptídeo não é um pensamento, mas movimenta-se como ele e é sua expressão química. A transformação de um pensamento numa substância química representa a transformação da não-matéria em matéria. "Sempre que um evento mental precisa encontrar uma contrapartida física, trabalha por meio do mecanismo quântico do corpo humano. Esse é o segredo da forma como se associam sem erro os dois universos: o da mente e o da matéria."[37] Baseado na compreensão do mecanismo quântico do corpo, Chopra explica como um pensamento, que não tem existência material, é transformado pelos mensageiros químicos numa partícula de matéria perfeitamente afinada ao pensamento e comunicada a todo o corpo. Dessa forma, ele mostra como duas coisas que parecem totalmente diferentes podem se transformar uma na outra, num nível mais profundo da natureza. É essa compreensão que possibilita a cura quântica.

No livro *O retorno do Rishi*, Chopra mostra o seu percurso como médico indiano, formado dentro das concepções da medicina ocidental convencional, e a sua busca de conhecimento profundo, que o levou a recuperar a antiga tradição de sua cultura milenar. Dessa forma, ele entrou em contato com a medicina ayurvédica e com o fundador da meditação transcendental, o Maharishi Mahesh Yogi. *O retorno do Rishi* representa a sua volta à sabedoria antiga, à busca da iluminação e da integração mente-corpo.

Unindo o conhecimento da ciência ocidental ao antigo conhecimento oriental, o Dr. Chopra utiliza as técnicas mentais da medicina ayurvédica com a finalidade de controlar os padrões invisíveis que regem o corpo. Segundo essa tradição, tudo se origina na mente e, portanto, é nela que deve atuar o médico. O Ayurveda é "(...) um sistema para se curar ilusões, para se extirpar a convincente qualidade da doença e deixar que uma realidade mais saudável ocupe seu lugar".[38] Um médico védico está mais interessado em saber quem é o seu paciente do que em descobrir qual a sua doença, pois o que faz uma pessoa saudável ou doente são as suas experiências, pensamentos, sentimentos e emoções — enfim, a sua relação com a vida. Essas experiências se acumulam durante anos e podem irromper como uma doença.

Segundo Chopra, "a medicina moderna ainda é dominada pela noção de que a doença é causada por agentes objetivos. Uma análise sofisticada mostra que isso é apenas em parte verdadeiro. Uma doença não pode se instalar sem que exista um hospedeiro para aceitá-la, daí as tentativas atuais de se compreender nosso sistema imunológico. Tanto a antiga medicina grega, quanto a Ayurveda baseiam-se na idéia de que o hospedeiro tem o máximo de importância".[39] Baseado na concepção védica de que a consciência cria o corpo, o Dr. Chopra leva os pacientes a compreender que é a sua própria percepção que controla e altera seu corpo.

Para Deepak Chopra, os principais instrumentos de cura quântica são as técnicas da meditação, da bem-aventurança e do som primordial. A técnica da bem-aventurança propicia ao paciente a experiência de si mesmo como o oceano de bem-estar que é a essência do nosso ser mais profundo. A técnica do som primordial baseia-se na antiga tradição védica, segundo a qual o universo é feito de sons. Os primeiros sons criadores são os sons primordiais. Essa técnica utiliza o "Om" como o som primordial, colocando-o de volta no corpo para fazê-lo sintonizar-se com a energia primordial criadora. No final do livro *A cura quântica*, Deepak Chopra diz: "Se alguém me perguntasse qual a exata definição de cura quântica, eu responderia: a cura quântica é a capacidade de um modo de consciência (a mente) para corrigir espontaneamente os erros em outro modo de consciência (o corpo)".[40]

A necessidade de adoção de uma visão de mundo que inclua todas as partes do todo — observada em todas as áreas do conhecimento e reconhecida por muitos cientistas — tem caráter revolucionário e representa a maior transformação do século XX.

Capítulo 5

O retorno do sagrado na psicologia

À psicologia cabe a responsabilidade pela formulação da noção de homem e a ampliação e correção permanente das possíveis distorções dessa noção. É necessário a esse ramo do conhecimento um posicionamento que reflita e faça a crítica das abordagens unilaterais, tanto teoricamente quanto na aplicação prática dos métodos terapêuticos e de suas metas. A noção de homem é determinante de uma postura e ação terapêutica, por parte do terapeuta. Por isso, é fundamental que se examine a concepção de homem que está por trás de cada abordagem e de seus métodos.

Da mesma forma que as outras áreas do conhecimento, a psicologia também foi fortemente influenciada pelo pensamento cartesiano-mecanicista, principalmente em sua concepção do homem. A psicologia, anteriormente ligada à filosofia, visando obter o *status* de ciência, adotou os conceitos básicos da física de Newton e aceitou os pontos de vista reducionista da teoria cartesiana como a descrição científica da realidade e tentou usar os seus princípios e métodos para compreender a natureza humana. A teoria mecanicista aplicada à psicologia contribuiu negativamente para reforçar a concepção dualista da natureza humana.

Para Descartes o corpo e a mente pertenciam a dois domínios paralelos mas essencialmente diferentes e podiam ser estudados separadamente sem referência um ao outro, embora houvesse uma interação entre eles. O corpo era governado pelas leis da mecânica e a mente era livre. Ele identificava a mente com a consciência e esta só afetava o corpo quando interagia com ele por meio da glândula pineal. Nessa visão, o homem era visto como um ser dividido entre a mente e o corpo. E embora tenha sido feita a crítica dessa visão dualista-mecanicista, ela ainda perdura inconscientemente na psique ocidental.

No século XIX, a psicologia estava nascendo como disciplina científica independente e, no início, sofreu a influência do desenvolvimento e das descobertas científicas no campo da anatomia, da física e principalmente da fisiologia; assim, foi se afirmando como ciência.

No século XIX, a fisiologia era marcadamente materialista, mecanicista e experimental. Desde a década de 1830, a fisiologia tinha se tornado uma disciplina experimental com o fisiologista alemão Johannes Müller. No seu trabalho sobre a energia dos nervos, Müller concluiu que a estimulação de um dado nervo produzia uma sensação característica, pois cada nervo tinha a sua energia específica.

As pesquisas sobre o funcionamento do cérebro e do sistema nervoso mostraram relações específicas entre as funções mentais e as estruturas cerebrais, e revelaram a anatomia e a fisiologia dos órgãos dos sentidos. Embora essas relações só pudessem ser estabelecidas quando se tratasse de funções motoras e sensoriais primárias e fosse inadequada no caso dos processos cognitivos e psíquicos superiores e da memória, foram usadas de forma ampla e indiscriminada para explicar tudo.

No início do seu desenvolvimento como ciência, a psicologia recebeu a ajuda e influência de quatro cientistas da área da fisiologia. Eles foram responsáveis pela ampliação e aplicação do método experimental ao campo da psicologia: Hermann von Helmholtz, Ernst Weber, Gustav Theodor Fechner e Wilhelm Wundt.

Hermann von Helmholtz (1821-1894) realizou pesquisas sobre a velocidade do impulso nervoso, o tempo de reação dos nervos humanos, a visão e a audição, que foram muito importantes para a psicologia.

Ernst Weber (1795-1878) deu a sua contribuição à psicologia, por meio das pesquisas que realizou sobre a fisiologia dos órgãos dos sentidos, principalmente das sensações cutâneas e musculares. O seu trabalho ajudou a mostrar o relacionamento entre o corpo e a mente, entre o estímulo e a sensação resultante.

Gustav Theodor Fechner (1801-1887) mostrou que a mente e a matéria poderiam ser quantitativamente relacionadas. Em 1850, ele demonstrou que a lei que determina o vínculo entre a mente e o corpo pode ser encontrada no relacionamento quantitativo entre uma sensação mental e um estímulo material. Ele propôs ainda duas formas de medir as sensações. Uma forma mede se um estímulo está presente ou ausente, se é sentido ou não. Outra forma mede a intensidade do estímulo, a partir do qual o sujeito relata a primeira sensação. Ele uniu a pesquisa da fisiologia à psicologia e esta área depois veio a se chamar psicofísica.

A PSICOLOGIA EXPERIMENTAL

Em meados do século XIX, os métodos da ciência natural estavam sendo usados para investigar os fenômenos puramente mentais. Esses fatos levaram ao reforço da abordagem experimental e mecanicista na psicologia. Wilhelm Wundt (1832-1920), no desenvolvimento de suas pesquisas fisiológicas, começou a conceber uma psicologia que fosse experimental e independente e foi ele quem usou pela primeira vez o termo psicologia experimental. Por ter sido o primeiro a usar o termo "psicologia experimental", ele é considerado o seu fundador. Em 1874, ele publicou um livro chamado *Princípios de psicologia fisiológica*, onde vê a correlação da psicologia com a fisiologia. Esse livro representou um marco para o estabelecimento da psicologia como ciência. Em 1875, foi ensinar em Leipzig e, pouco depois, inaugurou o primeiro laboratório de psicologia, o que atraiu muitos alunos na época.

O objeto de estudo de Wundt era a mente ou consciência, que concebia como dotada de partes ou características distintas. Portanto, o objeto da psicologia experimental era a experiência consciente e o funcionamento mental em seus elementos específicos e em suas combinações, responsáveis pela formação de idéias, percepções e outros processos associativos.

Wundt acreditava que os elementos da consciência poderiam ser dissecados pela introspecção da mesma forma que os químicos analisavam as substâncias nos seus constituintes químicos básicos. Mas esta deveria estar submetida ao controle experimental preciso de suas condições. A introspecção, ou percepção interior, era a observação e o relato das experiências conscientes ou das experiências interiores.

O Estruturalismo

Nos Estados Unidos, Edward Bradford Titchener (1867-1927), psicólogo de origem inglesa, foi considerado o líder da escola estruturalista. Ele dizia ser um fiel seguidor de Wundt, mas alterou em muitos aspectos o seu sistema para dar credibilidade às suas próprias conclusões. Ele desvalorizou a ênfase que Wundt colocava na percepção e no método da instrospecção. Ele dizia que a observação em psicologia tinha de ser não só introspectiva, mas também experimental.

Titchener afirmou que a finalidade da psicologia era analisar a consciência em suas partes separadas e dessa forma determinar a sua estrutura. Da mesma forma, todo comportamento pode ser reduzido e analisado em elementos específicos. O seu objetivo era descobrir os átomos da mente, os elementos que compõem a estrutura da consciência. Determinar as leis segundo as quais esses elementos se associam e relacioná-los às suas condições fisiológicas.

Segundo Titchener, consciência e mente são realidades semelhantes, mas enquanto a consciência envolve processos mentais que ocorrem no momento, a mente envolve o acúmulo total desses processos.

O estruturalismo teve uma grande importância nos Estados Unidos, por ser considerada a primeira escola americana de psicologia, mas esta só durou enquanto Titchener viveu. Depois outras abordagens diferentes o suplantaram. No final da vida, ele mesmo começou a alterar seu sistema em muitos aspectos. Ele parecia ter abandonado o conceito dos elementos mentais ao afirmar que a psicologia deveria estudar não os elementos, mas as dimensões ou processos mais amplos da vida mental. No início dos anos 20, ele mudou o nome de sua abordagem de psicologia estrutural para "psicologia existencial".

O FUNCIONALISMO

A teoria funcionalista originou-se do evolucionismo de Charles Darwin (1809-1882) e da obra de Francis Galton (1822-1911). A teoria da evolução de Darwin (1859) mostrou a possibilidade de uma continuidade no funcionamento mental dos homens e dos animais inferiores, e inspirou alguns psicólogos a levar em conta as funções da consciência. Os psicólogos funcionalistas voltaram-se, então, para o estudo do modo de funcionamento do organismo em sua adaptação ao ambiente. Outra influência da teoria da evolução na psicologia foi a ênfase nas diferenças individuais. Galton influenciou e contribuiu para a psicologia com o seu trabalho sobre os problemas da herança mental e das diferenças individuais. No seu livro *Gênio hereditário*, ele mostra a influência da hereditariedade no nascimento de gênios.

O principal objetivo dos funcionalistas era estudar a utilidade dos processos mentais para o organismo na sua tentativa de adaptação ao ambiente, uma vez que os processos mentais eram considerados atividades que levam a conseqüências práticas. A psicologia americana, com o funcionalismo, toma uma direção muito prática, o que levou, mais tarde, à psicologia aplicada. E a psicologia tornou-se conhecida e prestigiada como o método para a solução de todo tipo de problema e promoção do bem-estar. Na Europa, a psicologia conservou, de alguma forma, um caráter mais filosófico.

William James (1842-1910) foi o representante mais importante do funcionalismo e o maior crítico das teorias mecanicistas em psicologia. Certa vez ele declarou: "Tenho um ódio natural ao trabalho experimental". Ele defendia a relação de interdependência entre corpo e mente e enfatizava a consciência como um fenômeno pessoal, integral e contínuo. Não obstante ter sido o pioneiro da psicologia científica nos Estados Unidos, foi também muito combatido pelo seu interesse por assuntos considerados não-científicos, como telepatia, clarividência, espiritualismo e outras experiências místicas.

Embora William James não tenha formado uma escola e nem discípulos, exerceu grande influência sobre outros psicólogos que deram continuidade às suas idéias, como John Dewey, James Rowland Angell e Robert Woodworth. O seu livro: *Princípios de psicologia*, publicado em 1890, tornou-se a obra de referência mais importante no campo da psicologia. Para James, "A psicologia é a ciência da vida mental, tanto dos seus fenômenos, quanto de suas condições". Para ele, a consciência era vital para a necessidade de seres complexos num ambiente complexo; sem ela, o processo da evolução humana seria impossível.

O século XIX e o início do século XX foram extremamente favoráveis ao desenvolvimento da ciência e também da psicologia como ciência, mas também favoreceram o fortalecimento da visão mecanicista.

O surgimento da reflexologia era coerente com essa mentalidade. A reflexologia exerceu, mais tarde, uma grande influência sobre algumas abordagens psicológicas, como o comportamentalismo. A reflexologia dizia que a relação causal entre estímulo e resposta era a base fisiológica elementar de todo padrão complexo de comportamento. O comportamento, mesmo o mais complexo, poderia ser entendido como uma combinação de mecanismos reflexos básicos. Ivan Pavlov (1849-1936) com sua teoria dos reflexos condicionados e suas experiências com animais, foi o mais conhecido e importante representante dessa abordagem na Rússia. Ele apresentou a sua teoria oficialmente em 1903, em um congresso de medicina em Madri.

A PSICOLOGIA DA GESTALT

Outras abordagens surgiram, também, em oposição ao radicalismo materialista e mecanicista da psicologia de Wundt e do Estruturalismo de Titchner; uma delas foi a Gestalt.

A psicologia da Gestalt aceitava o valor da consciência, mas se opunha à maneira de analisá-la em elementos. O fundador da psicologia gestaltista, Max Wertheimer (1880-1943), dizia que os seres vivos não percebem as coisas sob a forma de elementos isolados, mas sim de totalidades, de qualidades significativas, de *"Gestalten"*. Ele mostrou que a percepção não se dá de forma fragmentada, mas, principalmente, por meio da totalidade do que cada coisa é.

A psicologia da Gestalt surgiu em 1910, de uma pesquisa feita por Max Wertheimer. A sua pesquisa descrevia o fenômeno do movimento aparente, a percepção do movimento quando nenhum movimento físico real tinha acontecido. A sua pesquisa contestava a afirmação de Wundt de que toda experiência consciente pode ser analisada em seus elementos sensoriais.

Toda a preocupação da Gestalt no seu início, era atacar as idéias de Wundt. Depois o movimento se preocupou com a natureza dos campos psicológicos, que são mais do que somas de sensações, a relação entre mente e corpo (mundo material e espiritual) e a semelhança entre os dois.

As conclusões da psicologia da Gestalt se aproximavam das conclusões da física na época e refletiam também as suas mudanças. Os físicos estavam começando a pensar em termos de campos ou de todos orgânicos, conceitos que eram semelhantes aos da Gestalt. Segundo Max Wertheimer: "Existem totalidades cujo comportamento não é determinado pelos seus elementos individuais, mas nos quais os processos parciais são eles mesmos determinados pela natureza intrínseca do todo. A teoria da Gestalt alimenta a esperança de determinar a natureza dessas totalidades".[1] No complexo do todo, segundo Wertheimer, dever-se-iam considerar não somente os elementos que o compõem mas, também, as relações entre esses elementos. E o ego é uma parte funcional do campo total. Além de ser parte de seu campo, o homem é um entre outros homens.

Kurt Koffka (1886-1941) foi o mais criativo dos iniciadores da Gestalt. Em 1921, ele publicou *O desenvolvimento da mente*, sobre a psicologia do desenvolvimento infantil, que obteve grande repercussão na Alemanha e nos Estados Unidos.

Wolfgang Köhler (1887-1967) possuía uma sólida formação em física, pois havia estudado com Max Planck, um dos construtores da física moderna. Ele logo percebeu a relação entre a física dos campos e a ênfase da Gestalt no todo. Köhler compreendeu que a psicologia deveria aliar-se à física moderna.

Ele se tornou o porta-voz do movimento da Gestalt. Em 1929, publicou *Psicologia da Gestalt*, no qual defende o movimento.

O COMPORTAMENTALISMO

Infelizmente a visão mecanicista prevaleceu. No início do século XX, nos Estados Unidos, a psicologia estava inteiramente convertida ao mecanicismo, com John B. Watson (1878-1958), numa imitação e arremedo da ciência física do século XIX. Essa nova abordagem desprezou totalmente a contribuição anterior de William James no estudo dos estados alterados da consciência, dos fenômenos interiores e da experiência religiosa. Ao invés de procurar investigar os grandes mistérios da consciência, Watson negava-lhes a existência.

Em 1923, numa palestra na Universidade Columbia, em Nova York, Watson inaugura a era behaviorista quando definiu a psicologia: "A psicologia, tal como o comportamentalismo a vê, é um ramo experimental puramente objetivo da ciência natural. Sua meta teórica é a predição e controle do comportamento..."[2]

O behaviorismo ou comportamentalismo representou a vitória do pensamento mecanicista na psicologia. "Vamos pensar no homem como uma máquina orgânica montada, pronta para funcionar."[3] A adesão ao modelo cartesiano-newtoniano, principalmente na psicologia e na psiquiatria, é responsável, até hoje, pela aplicação inadequada do modelo médico-orgânico ao psiquismo. Para Watson, os organismos vivos eram como máquinas orgânicas que reagiam a estímulos externos. Assim, poder-se-ia estabelecer uma relação causal: conhecendo-se o estímulo, previa-se a resposta; especificando-se o estímulo, sabia-se a resposta.

Segundo essa abordagem, todos os fenômenos mentais eram tipos de comportamentos que, por sua vez, constituíam respostas fisiológicas redutíveis ao esquema estímulo-resposta: "Podemos considerar todos os nossos problemas psicológicos e suas soluções em termos de estímulo e resposta. Vamos usar a abreviatura S para estímulo e R para resposta".[4] Os comportamentalistas criaram uma psicologia mecânica, sem alma, e simplesmente a reduziram ao estudo do comportamento. Com o comportamentalismo, como disse Watson, a psicologia se torna um ramo experimental da ciência natural, cuja meta teórica é a predição e o controle do comportamento.

Na concepção de Watson, o homem era um animal diferente dos outros animais somente nos tipos de comportamento que exibia. Ele justificava que os experimentos feitos em laboratório com animais podiam ser ampliados para o ser humano. E, da mesma forma, as leis oriundas de situações simples podiam ser aplicadas a fenômenos mais complexos. Tudo podia ser previsto e controlado. Para os behavioristas, mesmo as expressões mais profundas do homem como a arte, a ciência e a religião, não passavam de respostas condicionadas complexas.

O behaviorismo clássico de Watson dominou a psicologia durante 30 anos. B. F. Skinner (1904-1990) foi o seu sucessor e o principal teórico que ajudou o comportamentalismo a manter o domínio na psicologia acadêmica. Skinner acreditava num tipo de comportamentalismo radical, o qual se dedica ao estudo dos estímulos e das respostas e está voltado para a descrição do comportamento e não para a sua explicação.

Skinner descobriu que as contingências de reforço determinam o comportamento dos organismos de modo regular. A recompensa reforça o comportamento e a punição tende a suprimi-lo, enquanto o não-reforço tende a extinguir um dado padrão de resposta. Ao uso do reforço chamou de "condicionamento operante".

Em 1948 ele publica um livro chamado *Walden Two*, em que descreve uma comunidade rural de mil habitantes, na qual cada aspecto da vida é controlado pelo reforço positivo. Em 1971, lança o livro: *Para além da liberdade e da dignidade*, onde afirma ser o ambiente inteiramente responsável pelo comportamento moral do homem.

A Psicanálise

Ao mesmo tempo que o behaviorismo dominava de forma negativa o pensamento na psicologia, principalmente nos Estados Unidos, na Europa outra corrente, a psicanálise, também assumia cada vez maior importância e força na psicologia desde o início do século XX.

A psicanálise representou o grande avanço e a recuperação da concepção humanística, mais profunda e real do homem. Sigmund Freud (1856-1939), seu fundador, foi influenciado tanto pelo humanismo quanto pelo racionalismo do século XIX, que buscavam conhecer as forças obscuras presentes nas expressões humanas e que escapavam ao controle racional. Em 1885, ele foi estudar em Paris, com Jean Martin Charcot (1825-1893), chefe da clínica neurológica do Salpêtrière. Charcot havia provado que as paralisias histéricas eram de origem psicogênicas em vez de orgânica e as tratava com hipnose.

O ano de 1895, no qual Freud e Breuer publicaram *Estudos sobre a histeria*, é considerado como o do início da psicanálise. Esse livro foi um grande marco porque abriu o caminho para demonstrar a origem psíquica de determinadas doenças, embora a sua expressão fosse somática, como era o caso da histeria. Freud mostrou que um sintoma surge a partir do represamento de uma idéia, imagem ou fantasia, de origem geralmente sexual. Mais tarde chamou esse processo de conversão.

Nesse livro é descrito o método da livre associação usado por Freud e Breuer no lugar da hipnose. Esse método consistia em colocar o paciente em um estado de relaxamento e o induzir a falar livremente sobre os seus problemas sem omitir nenhum detalhe, e sem estabelecer qualquer tipo de censura. O paciente era estimulado a relatar, principalmente, as cenas mais traumáticas de sua vida. A partir dessa experiência, criou-se o método psicanalítico (*talking cure*), a cura pela palavra, a cura pelo conhecimento, que une o objetivo ao subjetivo.

Por meio dos relatos de suas pacientes, Freud percebeu que elas sempre se referiam a experiências traumáticas sexuais na infância com pessoas da família. A partir dessa escuta, ele desenvolveu a teoria da origem sexual da neurose e a teoria do trauma. Mais tarde, Freud abandonou a teoria do trauma, mas conservou a da etiologia sexual da neurose.

Em 1900, Freud publica *A interpretação dos sonhos* e revela a realidade subjetiva do inconsciente, o que causou uma revolução nos meios médico e científico. A sua descoberta tem a mesma importância e significado que a descoberta dos físicos quânticos: a natureza essencial das coisas transcendia os aspectos objetivos e sensoriais da realidade visível. O conhecimento consciente era apenas uma pequena parte do conhecimento da realidade psíquica de cada um e do conjunto dos processos psíquicos.

O inconsciente apresentava uma outra realidade, muito mais ampla, subjacente à consciência e, muitas vezes, contrária a esta e que só poderia ser apreendida pelo método e instrumento adequados. Freud mostrou que a maior parte da nossa atividade mental ocorre à revelia da percepção e do controle consciente. E que nossos valores, atitudes e comportamentos, são muito mais influenciados pelo inconsciente do que pela consciência. O inconsciente se expressa por meio de uma linguagem simbólica que é preciso decifrar, interpretar e compreender.

O inconsciente, como o átomo, não pode ser observado diretamente, a sua existência não pode ser apreendida pelos sentidos, pois a sua expressão é indireta e exige outra aproximação e outro método para ser observado, descrito e compreendido. Da mesma forma que os físicos quânticos, Freud teve de criar um instrumental, mais adequado para a observação e a descrição do inconsciente. E da mesma forma como aconteceu com as descobertas da física quântica, a descoberta do inconsciente exigiu a criação de outra metodologia e de nova linguagem, e originou um novo universo conceitual e epistemológico.

A psicologia, a partir da descoberta do inconsciente, teve de mudar os seus parâmetros de aferição do real. A realidade não é exatamente como ela se apresenta à percepção aparente, existe um outro nível de realidade, não-visível, subjacente e inconsciente, que é preciso descobrir e que pode se revelar por meio da observação adequada. O discurso consciente revela, ao psicanalista treinado, uma outra dimensão real inconsciente, sempre presente, que está fora do controle da consciência.

A descoberta do inconsciente mostrou que o homem não pode manter o controle absoluto das coisas, como era o sonho behaviorista. Isso constituiu, para muita gente, um dado assustador, e esse medo do inconsciente se expressa, ainda hoje, na reação agressiva e de ataque contra a psicologia e a psicanálise.

Freud percebeu a expressão do inconsciente presente nos sonhos, nos chistes, nos atos falhos, na negação, na transferência e na resistência à psicoterapia. Em 1901, publicou um livro chamado *Psicopatologia da vida cotidiana*, no qual analisa esses "lapsos" no comportamento cotidiano das pessoas.

Embora a formação de Freud fosse racionalista, ele desenvolveu o método da livre associação como o instrumento para a investigação dos conteúdos inconscientes que é, inteiramente, não-racional, não-lógico, não-objetivo. O tempo de análise é medido de outra forma, também não-racional, não-cronológico, mas simbólico e contrário ao modo de funcionamento racionalista e prático do homem ocidental.

A admissão da realidade do inconsciente e da sua imprevisibilidade, como foi demonstrado por Freud, eliminou o sonho comportamentalista de controle e previsão da realidade. Da mesma forma que a física, a psicologia descobriu que só podia fazer previsões em termos de probabilidades, e que estas poderiam realizar-se ou não. No entanto, o homem tem o poder, pelo autoconhecimento de influenciar e operar mudanças significativas na sua relação com o outro, na sua vida e no seu destino. O homem pode tornar-se o artífice do seu futuro, por meio da interferência no seu presente.

Embora Freud tivesse visto a finalidade da psicanálise como o possível meio de domínio das paixões irracionais e inconscientes pela razão, ele mostrou que o inconsciente, com seus impulsos, é uma força poderosa cuja tendência é fugir ao controle racional. E que a única forma de lidar e de diminuir o poder dessa força é conhecê-la e torná-la consciente para, dessa maneira, transformá-la. O autoconhecimento é a única arma eficaz contra a autonomia dos impulsos inconscientes.

A psicanálise derrubou a crença na existência única da polaridade consciente, muitas vezes irreal, e na garantia do controle racional absoluto das coisas e do comportamento. Freud mostrou a força dinâmica que existe no inconsciente, no desconhecido e nos conteúdos aparentemente ocultos. E demonstrou como a percepção e o relacionamento com a realidade podem ser deformados pelo fato de os conteúdos inconscientes estarem influenciando, indiretamente, essa percepção. O grande valor da psicanálise foi ter mostrado e oferecido ao homem o poder de ampliar e mudar a visão de si mesmo e da vida.

Com o acesso ao conhecimento do inconsciente, o homem tem a possibilidade de aprofundar e tornar mais real sua visão de si mesmo e do outro e de realizar modificações importantes na sua vida. Geralmente, a consciência das pessoas comuns sobre si mesmas e sobre os outros é uma falsa consciência, porque se baseia em idealizações, ilusões, projeções e ainda é moldada por ocultos desejos inconscientes.

Freud identificou, com precisão absoluta, os mecanismos de defesa e os seus conteúdos inconscientes que distorciam a percepção e representavam entraves para o autoconhecimento e o relacionamento saudável com o outro e com a vida. Três dos principais e poderosos mecanismos são a repressão, a negação e a projeção. Por meio da negação e da repressão, o indivíduo expulsa da consciência os conteúdos desagradáveis e inaceitáveis e constrói uma falsa autoimagem. Mas, como esses conteúdos reprimidos podem, de alguma forma, retornar à consciência, o ego utiliza-se da projeção para tornar o processo de repressão mais eficaz. Por meio da projeção, ele atribui ao outro aquilo que nega em si mesmo e, assim, não reconhece como passa a ver o outro por esse prisma, e a odiá-lo.

Por meio da projeção, o conteúdo rejeitado é negado, retirado da própria psique e colocado no outro. O conteúdo não pertence mais ao ego, mas ao outro. Com isso, o mal passa a estar no outro, e não mais em si mesmo. O próximo passo é banir, rejeitar psicologicamente ou fisicamente essa pessoa, que se torna ameaçadora. A negação, a repressão e a projeção colocam o mal no mundo e esse se torna ameaçador e perigoso e determina a relação de desconfiança, medo e ataque. O homem odeia, se defende e ataca o mundo que ele próprio criou e que é ele mesmo.

Freud demonstrou como a negação, a repressão e a projeção são os mecanismos básicos responsáveis pelo relacionamento destrutivo do homem com o mundo. Ele descreveu o mecanismo da criação da imagem do mundo mau. Com essa contribuição, Freud deu ao homem a oportunidade de compreensão de si mesmo e do outro e a possibilidade da transformação positiva e criativa de seus relacionamentos. Isso é profundamente espiritual. A visão espiritual pressupõe, antes de tudo, o autoconhecimento que leva o indivíduo a responsabilizar-se por sua transformação e pela mudança ética da sua relação com o mundo, tornando-a mais responsável, amorosa, receptiva e criativa.

Para Freud, a repressão, além de ser destrutiva, interfere, de maneira geral, na forma de apreensão da realidade. E, por outro lado, a diminuição dos processos de repressão e de projeção e a integração dos conteúdos inconscientes à consciência conduzem a uma nova visão e compreensão ampliada da vida. O aumento da consciência de si mesmo resulta no aumento do conhecimento do mundo. O objetivo de muitas práticas espirituais é a ampliação, cada vez maior, da consciência do mundo interior e do mundo exterior.

A psicanálise forneceu o meio e o método e criou a possibilidade de uma visão realista e verdadeira do homem, embora esta nem sempre seja agradável, pois desmascara certos sentimentos considerados positivos, quando mostra a que propósitos narcísicos e muito menos nobres estão servindo e a sua vinculação a complexos, fixações e necessidades, de origem infantil. A psicanálise é o instrumento revelador da verdade e, talvez por isso, ainda desperte temor e encontre oposição.

O inconsciente, para Freud, continha o material anteriormente consciente e que se tornou inconsciente pelas forças de repressão, representadas pelo superego, mas que continua atuando fora do controle da consciência, do controle do ego. O ego tinha inimigos poderosos, dentro da sua própria casa, o id e o superego, que governavam à sua revelia, fora do controle consciente e contra a sua vontade. O subjetivo e o objetivo, o consciente e o inconsciente conviviam de forma confusa, apesar dos esforços egóicos para ser racional. Segundo a psicanálise, embora, a princípio, o superego tivesse um papel civilizador, controlando a impulsividade e os excessos do id, ele podia tornar-se extremamente reacionário, rígido, punitivo, sádico e destruidor da autoconfiança, do sentimento de valor e da criatividade. Freud mostrou como o superego castiga e pune o ego por meio da criação do sentimento de culpa.

Freud dizia que o indivíduo precisava conhecer tanto as forças primitivas, impulsivas e inconscientes, que atuam destrutiva e regressivamente sobre seu comportamento para diminuir o seu poder, quanto as forças repressoras, agentes do superego, extremamente lesivas à personalidade, à auto-estima e ao desenvolvimento criativo. Em síntese, o indivíduo deveria tornar conscientes também os mecanismos inconscientes de entrave ao seu desenvolvimento, bem-estar, satisfação e realização. O que Freud propunha é uma versão moderna e secular daquilo que Cristo afirmou: "Conhecereis a verdade e a verdade vos libertará".

Mas isso exige uma postura ética e honesta, um verdadeiro compromisso em enfrentar a verdade em prol do autoconhecimento, do autodesenvolvimento e da liberdade pessoal. O caminho proposto por Freud é, de certa forma, árduo e só pode ser trilhado por aquele que realmente se compromete com esse propósito. Quando se transforma o inconsciente em consciente, tudo adquire um significado mais real, mais amplo e mais profundo. Nesse sentido, pode-se ver um valor espiritual na finalidade da psicanálise.

Freud atribuía importância fundamental à verdade e ao conhecimento da realidade e o seu método exigia, por parte do paciente e do analista, honestidade e ausência de enganos. No artigo "Análise terminável e interminável", ele diz: "... precisamos não esquecer que a relação entre o analista e o paciente se baseia no amor à verdade, isto é, no reconhecimento da realidade, e que ela exclui qualquer espécie de impostura e engano".[5]

Nas *Conferências introdutórias*, Freud compara a psicanálise com as práticas místicas orientais que buscavam a transformação no interior da personalidade por meio do autoconhecimento. Ele acreditava que o conhecimento leva à transformação do ser humano e à sua evolução. No próprio ato de conhecer, o indivíduo se transforma. Esta concepção é muito semelhante ao objetivo básico do Zen-budismo. Segundo D. T. Suzuki, "o Zen é a arte de descobrir a natureza do próprio ser e mostrar o caminho do cativeiro à libertação.[6]

Tanto a Psicanálise quanto o Zen propõem a transformação total do ser humano por meio do autoconhecimento, o que leva também à mudança de postura ética e de relacionamento com a vida. Por isso Freud privilegiou tanto o autoconhecimento como um valor a ser conquistado na busca do bem-estar e satisfação pessoal. Ele levou as pessoas a procurarem dentro de si mesmas a origem e a causa de sua infelicidade e das suas angústias. Da mesma forma, mostrou que a satisfação, a harmonia e a tranqüilidade podem ser obtidas a partir de dentro e não por intermédio de esforços inúteis no exterior.

A psicanálise também foi influenciada pela sabedoria filosófica dos gregos, que pregavam o valor do autoconhecimento, "Conhece a ti mesmo", e pela ética judaica de busca da verdade. Ela valoriza o autoconhecimento como um meio de expansão da consciência, de diminuição do poder das forças inconscientes e como um poderoso instrumento de transformação da personalidade.

Em vários momentos, a teoria psicanalítica apresenta uma visão de inspiração espiritual cabalística. Na teoria dos instintos, Freud mostrou a oposição que havia entre os impulsos construtivos e destrutivos, que convivem na personalidade, lutando cada um para se expressar. A psicanálise, à semelhança dos textos hassídicos, diz que o homem tanto possui um "*yetzer tov*", um bom impulso, quanto um "*yetzer hara*", um mau impulso, habitando dentro de si mesmo; a sua inspiração é, inegavelmente, muito bíblica.

No início, Freud ligou os instintos do ego aos instintos de morte e os instintos sexuais aos instintos de vida: "Nosso debate teve como ponto de partida uma distinção nítida entre os instintos do ego, que equiparamos aos instintos de morte, e os instintos sexuais, que equiparamos aos instintos de vida ..."[7] À semelhança das tradições místicas gnósticas e cabalísticas, ele via que o mal estava no ego e não no impulso para a vida. Depois ele abandonou essa oposição e preferiu a oposição entre impulso de vida e impulso de morte, entre Eros e Thánatos: "Nossas concepções desde o início foram dualistas e são hoje ainda mais dualistas que antes, agora que descrevemos a oposição, como se dando, não entre os instintos do ego e os instintos sexuais, mas entre os instintos de vida e os instintos de morte".[8]

Embora Freud tenha se declarado um dualista e descrito a dualidade dos instintos presentes na psique, essa dualidade o incomodava e era vista por ele como um estado doentio. A sua visão é semelhante ao do Zen-budismo que vê a mente dividida como uma mente doente. "Partimos da grande oposição entre os instintos de vida e os instintos de morte. Ora, o próprio amor objetal nos apresenta um segundo exemplo de polaridade semelhante. A existente entre o amor (afeição) e o ódio (agressividade). Se pudéssemos conseguir relacionar mutuamente essas duas polaridades e derivar uma da outra..."[9] Freud tinha a preocupação de resolver a dualidade no nível teórico, mas não sabia como resolvê-la, pelo receio de ser visto como místico. Ele admitia que a teoria da libido de Jung era monista, no entanto confusa.

Mas a sua meta terapêutica solucionava o dualismo. Para a psicanálise, os impulsos construtivos e destrutivos se expressam como polaridades em conflito dentro da personalidade, gerando angústia e desarmonia na psique. Mas que, por meio do processo de auto-investigação, que leva à compreensão e ao significado do conflito, podem vir a se unir num único impulso criativo, gerando um funcionamento mais harmonioso da psique. E cabe ao homem, pelo conhecimento da existência dos dois impulsos, optar pela expressão e vivência do bom impulso e pela transformação ou integração do mau.

Freud viu a neurose como a expressão de profundos conflitos inconscientes que causava uma dissociação na personalidade, comportamentos inadequados e o relacionamento destrutivo com o outro. A neurose era a causa da infelicidade do homem. Assim, por intermédio de um método estruturado, a psicanálise procurou identificar e descrever com uma precisão absoluta os mecanismos infantis e neuróticos do indivíduo que o levam a manter um relacionamento não-saudável, infeliz e destrutivo, com o outro, consigo mesmo e com a vida.

Freud identificou a neurose como uma doença psíquica, e a doença com a ignorância, com o mal. E, por outro lado, a saúde com o conhecimento, com a verdade, com o bem. Nesse sentido, a sua visão é inteiramente espiritual. A consciência é a luz, é a saúde, é o bem, e a inconsciência, é a sombra, é o mal, é a ignorância que produzem a doença. Na descrição minuciosa de Freud, os problemas neuróticos precisam ser superados para o melhor relacionamento com o outro e para o autoconhecimento e a aprendizagem evolutiva.

Freud preocupava-se com a salvação do homem no sentido psicológico, filosófico e ético. Ele desejava libertar o homem da servidão dos anseios, desejos, medos e egocentrismo e acreditava que o seu método científico de autoconhecimento podia fazê-lo. Por isso, ele pode ser visto como o libertador científico do homem. Para ele, a sua tarefa principal era livrar o homem de suas fantasias e ilusões inconscientes que o impediam de ver a realidade tal como ela é e de se relacionar com ela com maturidade e criatividade.

A psicanálise, segundo o seu criador, deveria libertar o homem de suas angústias, sintomas neuróticos, inibições, impulsos infantis, dependência, falhas de caráter, de seus impulsos destrutivos, dos sentimentos de limitação e incapacidade e de baixa auto-estima etc. Freud forneceu ao homem o método para trabalhar as suas questões neuróticas. O seu método tinha como finalidade fazer o homem mais feliz e verdadeiro.

A principal meta de Freud era devolver ao homem o sentimento de bem-estar, de capacidade, de integridade, de completude, de auto-estima e de disponibilidade para o relacionamento saudável, amoroso e harmonioso consigo mesmo, com o outro e com a vida. Freud dizia que o homem precisava amar para não ficar doente. Ele via no amor o antídoto contra o egoísmo, a destrutividade, a raiva, o ataque etc. Nesse sentido, mais uma vez, a sua meta era espiritual.

Quando Freud concebe a teoria da castração, afirma que na formação da consciência da individualidade do ego, a criança adquire o sentimento de castração, de ser incompleto, imperfeito, e adquire a consciência da falta. Embora afirme que tudo isso é necessário para a construção da noção da individualidade, para a saída da onipotência narcísica, deve ser, no entanto, superado mais tarde. Pois esses sentimentos, originários do processo de castração, são extremamente prejudiciais para a construção do sentimento de valor, capacidade, criatividade, e para o desenvolvimento e realização da personalidade como um todo.

A descrição psicológica freudiana do processo de castração corresponde, mitologicamente, à queda, à perda do sentimento de totalidade, à saída do paraíso e ao sentimento de estar separado da Fonte, descrito na maior parte dos mitos e nas tradições. O ego traz a ferida da falta e o sentimento de estar separado. E isso gera sentimentos de inferioridade, de baixa auto-estima, que, por sua vez, determinam comportamentos auto-afirmativos, neuróticos e destrutivos.

Freud estabeleceu como uma das prioridades do trabalho analítico a cura dos sentimentos de castração, de incompletude, de falta e de inferioridade. Dessa forma, o homem pode se sentir feliz, autoconfiante, possuidor de valor pessoal, que o leva a estabelecer relações amorosas e criativas consigo mesmo e com o outro. Para a psicanálise, o homem sadio é o homem que curou a ferida da castração e se sente capaz e potente diante da vida e que superou o sentimento de incompletude por meio da relação criativa e de cooperação com o outro. Essa é uma das principais metas da psicanálise.

Além disso, a finalidade terapêutica da psicanálise é reforçar o ego consciente, pelo autoconhecimento, torná-lo mais independente do superego e dos impulsos do id, ampliar-lhe o campo de observação e atuação consciente, de modo que possa usufruir de novas partes do id de forma construtiva e integrada. Embora centralize no ego esse conhecimento, Freud reconhece que ele tem de ser total — o que significa que o ato psicanalítico de conhecer é uma experiência ampla, profunda, que inclui o racional, o afetivo e o intuitivo.

Essa visão era radicalmente oposta à visão behaviorista, já que recupera a mente e a consciência, banidas da psicologia comportamentalista. Além de admitir a existência dos processos inconscientes, que não podem ser observados diretamente, porque possuem autonomia e força real, podendo dirigir a consciência e fugir do controle racional. Essas conclusões eram inaceitáveis para o behaviorismo. A psicanálise recolocou o valor positivo da mente e dos processos psíquicos e desenvolveu um método objetivo para ampliação do campo da percepção consciente. É por isso que a psicanálise foi severamente criticada por Watson que a chamou de demonologia.

Em relação às idéias dominantes na época, a psicanálise representou um grande avanço no que se refere à compreensão do homem e quebrou alguns parâmetros ortodoxos da percepção do mundo. Ela constituiu uma força revolucionária na mudança da visão da realidade e na construção de novos valores. A afirmação da existência do inconsciente trouxe uma visão de um outro mundo desconhecido.

Freud desejava que a psicanálise fosse aceita como ciência mas, ao mesmo tempo, fez a crítica ao modelo científico ortodoxo da época, quando mostrou a inadequação da pretensão racionalista do controle do comportamento. Ele demonstrou, por meio do fenômeno da transferência e da contratransferência, como o analista-observador pode influenciar o fenômeno-paciente que ele observa e como também pode ser afetado por este. A física quântica também chegou à mesma conclusão: a realidade do mundo físico está entrelaçada de forma intrincada com a mente que a percebe. O ato da observação determina como o fenômeno físico se manifesta. É impossível manter a neutralidade tão pretendida pela ciência ortodoxa porque o observador faz parte, de forma essencial, do todo que ele próprio observa.

Freud também viu as dificuldades de se chegar ao autoconhecimento, pois a mente que busca se auto-observar e se autoconhecer é a mesma que resiste a esse processo. Ele mostrou a existência do fenômeno da resistência como a grande força ou entrave do autoconhecimento.

Depois da contribuição das idéias de Freud, o mundo perdeu a visão ingênua, a percepção da realidade estabelecida num nível horizontal, sensorial, factual e concreto, sem profundidade, no qual as causas dos fenômenos são sempre atribuídas ao externo, ao outro. E, assim, o indivíduo se aliena de qualquer responsabilidade com a sua própria transformação. Com a psicanálise, o homem adquiriu a possibilidade da compreensão vertical do mundo, profunda, simbólica e interior.

Freud legou à humanidade a iniciação na leitura simbólica da vida quando mostrou que existe um significado além do aparente, do concreto. Foi depois dele que o homem aprendeu a usar a sua capacidade simbólica na percepção das coisas e, assim, ampliar sua consciência. Até então, poucas pessoas faziam uso do potencial de compreenção simbólica. Mas, como a sua noção de inconsciente ficou circunscrita ao domínio dos conteúdos pessoais reprimidos, geralmente de origem infantil e sexual, ele também reduziu a percepção simbólica a esse nível. Embora ele tenha visto o simbolismo muitas vezes de um ponto de vista sexual, a sua contribuição foi muito importante, pois ampliou a percepção e a compreensão do homem sobre a sua vida inconsciente e instintiva.

E embora Freud, em alguns momentos na sua obra, tenha sido reducionista quanto à sexualidade, percebeu a grande força criativa e produtiva que estava contida na libido e que ele, muitas vezes, engloba no conceito de energia sexual. Na sua preocupação com a sexualidade, ele percebeu intuitivamente que a energia vital, ou libido, é uma só, que se expressa desde o nível somático até o nível psíquico mais elevado. Ele afirmou que a libido deveria ser canalizada num sentido ascendente, evolutivo e integrativo.

Segundo Freud, a sexualidade tem fases evolutivas: a oral, a anal, a fálica e a genital, considerada a fase adulta, onde se daria a integração das pulsões parciais em uma única pulsão. A sua visão do desenvolvimento psicossexual tem uma finalidade integrativa e evolutiva, que vai do mais instintivo ao mais psicológico. Freud concebeu o homem sadio como aquele capaz de lidar com a sexualidade de forma consciente e madura, que tenha abandonado as satisfações instintivas, infantis, secundárias e parciais e optado pela satisfação genital, considerada a satisfação adulta e o sinônimo da relação criativa e afetiva com o mundo.

Nesse sentido, a sua concepção evolutiva se aproxima intuitivamente da visão dos hindus da Kundalini e dos sistemas dos *chakras*.

Os *chakras* são núcleos energéticos, centros psíquicos de consciência que constituem degraus de uma escala evolutiva que vai do mais instintivo ao mais espiritual. Eles contêm todo o espectro da consciência, desde o mais primitivo e instintivo ao mais sublime e espiritual. A energia vital da Kundalini, que a princípio se expressa de forma sexual, percorre todos os *chakras* e, no seu caminho, vai se transformando e assumindo qualidades evolutivas diferentes, unindo todos esses centros. Esse processo é representado simbolicamente como a união da Terra com o céu.

O mundo deixou de ser o mesmo depois de Freud. Ele derrubou definitivamente a concepção ingênua, idealista e romântica do ser humano, quando mostrou que os instintos de morte e de destruição são tão fortes quanto os impulsos construtivos e criativos do amor. A visão de Freud do ser humano era objetiva e não muito agradável e, até hoje, a oposição à psicanálise é uma recusa em aceitar o lado sombrio e escuro da natureza humana. A psicanálise mostrou que o homem não possui o controle dos seus aspectos inconscientes e isso parece ser bastante ameaçador, pois o obriga a confrontar-se com uma visão pouco favorável de si próprio se quiser realmente uma relação melhor e mais saudável consigo mesmo e com o outro.

A psicanálise coloca no homem a responsabilidade pela construção de uma relação melhor e mais saudável com o outro. O método psicanalítico tem por finalidade construir uma noção do real a mais fiel possível, e dirige a sua atenção para a percepção deformada pelas defesas e processos de negação e repressão, e mostra a ficção que é construída no lugar da realidade. Com o desaparecimento da falsa noção de realidade, a pessoa se aproxima mais do mundo e de si mesma.

Freud foi um precursor e abriu o caminho para muitos que procuravam buscar a verdade como a percepção mais real da vida e de si mesmos. E se a busca do conhecimento e, sobretudo, do autoconhecimento, da transformação e do aperfeiçoamento evolutivo de si mesmo é considerada como um caminho importante no processo espiritual e iniciático, a finalidade da psicanálise é iniciática e espiritual.

A importância que Freud atribui ao autoconhecimento se opunha, de certa forma, aos valores da sociedade ocidental, baseada no lucro imediato, na pressa com os resultados e na busca de ganhos puramente objetivos e externos e na postura voltada para o exterior, contrária à introspecção. Freud deixou um legado ao mostrar que a vida possui outro tipo de significado, ligado ao autoconhecimento e ao desenvolvimento interior. A psicanálise substituiu os valores materialistas, baseados no crescimento exterior, por valores ligados ao desenvolvimento interior.

Hoje em dia, as pessoas procuram a psicanálise, na maior parte dos casos, não porque estejam enfermas, mas porque desejam se conhecer e ter um relacionamento mais real, saudável e verdadeiro consigo mesmas e com o outro. Assim, encontram na prática da psicanálise um sentido para a vida, capaz de curar o seu vazio e o sentimento de estarem alienadas da vida, apesar de seu possível sucesso, prestígio e abundância no mundo social. Os motivos que levam as pessoas a procurar a análise, como meio de crescimento e aperfeiçoamento interior, são, de certa forma, contrários aos valores do mundo ocidental, voltados para a expansão exterior e para os resultados imediatos e objetivos.

Apesar das oposições iniciais, Freud teve muitos seguidores e o seu legado foi aceito por discípulos importantes que divulgaram e ampliaram as suas idéias. Entre estes se destacam:

Karl Abraham (1877-1925), o primeiro psicanalista alemão de origem judaica, trouxe importantes contribuições ao estudo do desenvolvimento da libido, da formação do caráter, da esquizofrenia, da psicose maníaco-depressiva, do alcoolismo e da toxicomania. Em seus livros, Abraham interessou-se em relacionar a psicanálise à antropologia, à história e à mitologia.

Sándor Ferenczi (1873-1933), considerado o pioneiro dos pioneiros e o mais romântico dos psicanalistas. Freud considerava as suas contribuições da maior importância. Ferenczi criou um método mais ativo na psicanálise, ao solicitar ao paciente, que além da livre associação, se comportasse de determinada maneira, na expectativa de aumentar a tensão e assim mobilizar o material inconsciente.

Otto Rank (1884-1939) foi o psicanalista que mais se interessou em entender a psique do artista e as obras de arte. No seu livro *O artista* (1907), diz que o artista usa a sua capacidade criativa para modificar ou alterar aquilo que é inaceitável no inconsciente e a obra de arte é o resultado dessa elaboração. Ele vê a obra de arte como a liberação de um conteúdo reprimido. No seu livro *O mito do nascimento do herói*, considerado sua maior contribuição à psicanálise aplicada, Rank explica os mitos como produtos dos desejos e fantasias do homem. Publicou ainda *O tema do incesto na poesia e na saga* e *Don Juan*. Mas foi o seu livro *O trauma do nascimento* que provocou o rompimento com a psicanálise. Embora Freud tenha aceito o seu conceito sobre o trauma do nascimento, ficou chocado pelas tentativas de Rank de estabelecer uma nova teoria psicanalítica a partir desse conceito.

Alfred Adler (1870-1937) anunciou importantes tendências na psicanálise: o sentimento de inferioridade orgânica e o instinto agressivo. Para ele, o instinto agressivo constitui o fundamento ou a fonte biológica da energia psíquica, utilizadas pelos indivíduos compensatoriamente para esconder a inferioridade orgânica. Mais tarde, Adler rompeu com Freud, pela ênfase que deu aos fatores sociais mais do que aos fenômenos intrapsíquicos.

Ernest Jones (1879-1958) foi um dos amigos mais íntimos e fiéis de Freud e o seu biógrafo. Ele mostrou a identidade entre o conteúdo latente de muitos sonhos e o conteúdo latente de muitos sintomas neuróticos. Para Jones, o pesadelo é a expressão de um conflito relacionado com o desejo incestuoso.

Helen Deutsch (1884), considerada uma pioneira da psicanálise, foi a primeira psicanalista a estudar a vida emocional da mulher e a elaborar uma psicologia feminina. Para ela, o masoquismo desempenha um fator importante no psiquismo e nas funções sexuais e reprodutoras femininas.

Melanie Klein (1882-1960), a discípula de Freud que mais se dedicou ao estudo do psiquismo infantil, desenvolveu um instrumento de observação para análise de crianças que chamou de *play thech-*

nique [técnica de brincar]. Essa técnica permitiu-lhe concluir que as crianças expressam simbolicamente no brincar suas ansiedades e conflitos inconscientes.

Por meio de suas observações, Klein confirmou as teorias do mestre sobre a sexualidade infantil, mas acrescentou algumas modificações fundamentais. Ela situou o início da formação do superego e do complexo de Édipo em idade mais precoce, pois observou que as crianças de dois anos e meio já apresentam fantasias e ansiedades edipianas. Segundo Klein, o superego expressava-se muito cedo, por meio de características orais, uretrais e anais, e não só precede, mas promove o próprio desenvolvimento do complexo de Édipo.

No seu livro *A psicanálise de crianças*, Klein formulou os estágios mais primitivos do complexo de Édipo e do superego, já existentes nas relações primitivas de objeto, e mostrou que o superego é mais rude e perseguidor numa criança pequena do que nos estádios posteriores do desenvolvimento. Dessa maneira, a análise com crianças tinha a função de diminuir a severidade do superego pela interpretação, para que a personalidade pudesse desenvolver-se mais livre e criativamente.

Melanie Klein percebeu o quanto pode ser lesivo para a criatividade e para a auto-estima um superego severo. Klein já antecipava as modernas concepções que vêem no sentimento de culpa um entrave sério para o desenvolvimento do sentimento de valor pessoal, das relações afetivas e criativas e, posteriormente, para a busca da espiritualidade.

Wilhelm Reich (1897-1957) fez um grande acréscimo e deu uma valiosa contribuição ao enfatizar a correspondência simbólica entre o psíquico e corporal. No seu livro *Análise do caráter*, ele descreveu e enumerou vários tipos de personalidade, mostrando a relação do aspecto dinâmico psíquico com as posturas e tensões corporais. Reich mostrou que essas tensões se constituíam em responsáveis somáticos, mantenedoras das repressões e dos conflitos. O trabalho de Reich deu origem à abordagem corporal em psicologia, chamada, atualmente, de Bioenergética, cujo representante principal é Alexander Lowen.

Franz Alexander (1891-1964) foi um psicanalista que fez acréscimos importantes à psicanálise, mas que foi criticado pelos ortodoxos por isso. Para ele, o relacionamento entre o paciente e o analista não pode ser englobado inteiramente nos conceitos de transferência e contratransferência, pois esta relação contém uma reciprocidade e uma riqueza entre duas personalidades distintas. E que seguir os procedimentos estandartizados impedem que se percebam outras sutilezas. Alexander defendia a necessidade de uma abordagem multidisciplinar na análise de seus pacientes. Em 1955, ele se voltou para o estudo de seus filósofos e matemáticos preferidos e para a teoria da relatividade de Einstein, a teoria dos *quanta* de Max Planck e o princípio do indeterminismo de Werner Heisenberg. Seguindo o princípio do indeterminismo de Heisenberg, Alexander alterou seu conceito de determinação dos fatos naturais e adotou o conceito de potencialidade e probabilidade.

Para Franz Alexander, o sentimento de fragilidade egóica, a insegurança e a sensação de futilidade do homem moderno não estavam ligados, unicamente, às questões da infância, mas também à falta de valores reais, à falta de sentido e de religião.

Jacques-Marie Lacan (1901-1981) propôs como a infra-estrutura de sua teoria o retorno aos conceitos fundamentais de Freud, uma volta "ao campo freudiano", ao sentido de Freud. O propósito de Lacan era restaurar a originalidade de Freud quanto ao conceito do inconsciente que, segundo ele, sofreu, ao longo do tempo, distorções e comprometimentos.

No seu famoso *Discurso de Roma* (1953) ele diz: "Que se retome a obra de Freud na *Traumdeutung* para lembrar com ela que o sonho tem a estrutura de uma frase, ou melhor, se nos atemos ao pé da letra, de uma charada, isto é, de uma escrita..." É a partir da pedra fundamental da obra de Freud, A *Interpretação dos sonhos*, que Lacan fundamenta a sua idéia de que o inconsciente se estrutura como linguagem. O sonho é um discurso dissimulado, disfarçado, condensado, do qual o indivíduo perdeu o código.

Segundo Lacan, os processos psíquicos inconscientes descritos por Freud encontram-se, desde o início, submetidos à dimensão psíquica da linguagem e se expressam por meio da transferência. Para ele: "o inconsciente se estrutura como linguagem", pois é na palavra que ele encontra sua expressão essencial. O sintoma é uma metáfora, é uma justificativa suplementar à sua tese do inconsciente estruturado como linguagem.

A grande contribuição de Lacan foi mostrar a importância da função paterna, da metáfora do pai, na organização psíquica do indivíduo. A metáfora paterna, ou o "Nome-do-Pai", é a instância simbólica mediadora da relação entre a criança e a mãe, é o representante da lei que proíbe o incesto.

Cada um desses teóricos fez acréscimos e contribuições importantes à teoria do mestre. A psicanálise, apesar das resistências, foi largamente aceita e difundida internacionalmente. Em cada país, ela adquiriu uma feição cultural particular. Dentre essas tendências principais, destacam-se a escola inglesa (Ernest Jones, Melanie Klein, Winnicott etc.), a escola francesa (Françoise Dolto, Jacques Lacan etc.) e a escola americana (Erich Fromm, Karen Horney etc.).

A Psicologia Analítica

Carl Gustav Jung pode ser considerado, historicamente, o sucessor de Freud, pois ampliou e desenvolveu muitas de suas colocações. Mas sempre teve uma maneira própria e particular de abordagem dos fenômenos psíquicos. Foi a sua independência que permitiu o avanço da psicologia e levou à união do pensamento científico com o espiritual.

Freud teve em Jung o seu interlocutor mais famoso, e que levou adiante a humanidade no caminho iniciado pelo mestre. Como disse muito bem Stephan Hoeller, como Moisés, Freud não pôde entrar na terra prometida, à qual conduziu outros, e a tarefa da conquista final recaiu sobre um homem mais jovem, um novo Josué da mente, cujo nome era Carl Gustav Jung.

Embora, a princípio, Jung aceitasse com entusiasmo muitas das colocações teóricas de Freud sobre o inconsciente e o seu simbolismo, desde o início já possuía idéias próprias e algumas discordantes das de Freud. Jung opôs-se a alguns aspectos fundamentais da doutrina do grande mestre, principalmente na ênfase que este colocava na sexualidade, no simbolismo sexual dos sonhos, na interpretação da espiritualidade e da arte como sexualidade reprimida ou desejos infantis sublimados e na conceituação do ego e do inconsciente.

Jung não negava a existência dos conteúdos infantis e sexuais reprimidos da teoria freudiana, mas concebia o inconsciente de forma mais ampla e complexa do que, na época, o concebia Freud. Jung distinguia no inconsciente dois substratos: um que continha o material pessoal, o inconsciente pessoal, e outro que continha o material coletivo, o inconsciente coletivo. Na sua concepção do inconsciente, além dos conteúdos reprimidos, que constituíam o inconsciente pessoal, e que podiam ser sexuais ou não, e dos conteúdos esquecidos, não necessariamente reprimidos, havia o material arcaico de toda a humanidade, a experiência acumulada do processo evolutivo e cultural, os arquétipos que pertenciam ao inconsciente coletivo.

Na concepção de Jung, o inconsciente pessoal incluía o inconsciente freudiano e é a sede dos conteúdos reprimidos e desconhecidos para a consciência, os quais ele chama de "sombra". No inconsciente coletivo está a universalidade do homem, suas raízes cósmicas coletivas, sua ligação com a totalidade da vida e o seu processo evolutivo, desde a sua origem animal até a espiritual. O inconsciente coletivo contém tanto o passado da humanidade como o seu futuro, a sua evolução. O inconsciente coletivo é o arquivo da experiência da humanidade, como um todo, codificada nos arquétipos. Por isso, Jung mostrou a necessidade de se manter um contato com essa fonte interior de conhecimento.

De acordo com Jung, os arquétipos são forças psíquicas fundamentais que têm um significado e um objetivo transcendentes e que se expressam por meio de imagens. Para ele era importante distinguir o conceito de arquétipo do conceito de imagem arquetípica. O arquétipo em si é um fator psicóide, pertencente à parte ultravioleta do espectro psíquico, é não-visível e potencialmente existente. A imagem arquetípica é a parte visível do arquétipo que se exterioriza e se manifesta à consciência. Para formular o conceito de arquétipo, Jung se inspirou tanto em Platão quanto em Filo de Alexandria, que descrevia o Logos como a manifestação arquetípica de Deus.

A noção de inconsciente de Jung se aprofunda em relação à noção concebida, até então, pela psicanálise. Para ele, o inconsciente é tudo aquilo que está fora do campo da consciência e que esta não pode apreender, por sua limitação. O inconsciente junguiano é a totalidade subjacente a tudo, assim tanto se encontra abaixo como acima da consciência pessoal.

A concepção do inconsciente de Jung aproxima-se da visão oriental da Consciência, ou Mente Universal, como a totalidade que subjaz a tudo. Segundo a doutrina do shaivismo, do tantra e do budismo, tudo no universo é Consciência Universal e Absoluta. A Consciência Universal é comparada tradicionalmente ao oceano. Para o budismo mahayana, a Mente Universal é a totalidade que se expressa de forma diferente na mente de cada indivíduo, e por intermédio dos indivíduos, é a soma de todas as mentes. Jung chama essa Mente ou Consciência de inconsciente coletivo, porque não é apreendida pela consciência do ego. Ele ainda estava preso à concepção da psicologia ocidental que identifica a consciência com a percepção do ego e a subordina ao cérebro. Nas concepções das tradições orientais, a consciência é entendida como vivenciada em muitos níveis, e a consciência do ego é apenas um deles.

Embora a terminologia seja inadequada, o inconsciente junguiano tem o mesmo significado da Consciência Universal das antigas tradições, como a totalidade presente em tudo e como o próprio fundamento do ser. E também se aproxima da visão da física quântica, que afirma a existência do inter-relacionamento de tudo num nível profundo que foi chamado de ordem implicada ou implícita pelo físico David Bohm. Desse modo, o conceito de inconsciente, para Jung, é mais amplo, complexo e positivo.

A concepção da função do inconsciente da teoria junguiana, por um lado, se opõe em muitos pontos à teoria freudiana mas, por outro lado, a complementa e amplia. O inconsciente não está, necessariamente, em oposição à consciência e em luta com esta, pois existe uma inter-relação de complementaridade e compensação criativa com a consciência.

O inconsciente, concebido como a totalidade subjacente a tudo, levou Jung a vê-lo numa relação de complementaridade dinâmica e criativa com a consciência. O inconsciente exerce a função complementar, ajudando a consciência a alargar o seu campo perceptivo por meio dos sonhos, da fantasia, da imaginação e da produção de símbolos. A função de complementação aparece principalmente nos sonhos. A visão de Jung do inconsciente foi influenciada pelos conceitos da física quântica. Ele sempre se interessou pelas pesquisas e conclusões de alguns físicos. Niels Bohr mostrou que existia uma relação de complementaridade em todas as áreas. Na psicologia, Bohr apontou a complementaridade entre o sujeito e o objeto, entre o ego transcendente e a consciência.

Para Jung, os sonhos não são realizações de desejos sexuais disfarçados, mas expressões simbólicas naturais do inconsciente, a linguagem da função religiosa e transcendente do *Self*. O inconsciente se expressa por meio de uma linguagem simbólica e esta não é um disfarce para os conteúdos reprimidos. Ele concebe os sonhos da mesma forma que o Talmud judaico: "O sonho é a sua própria interpretação". Jung percebeu que o inconsciente possui a capacidade dinâmica de criar símbolos e por esse meio estabelecia a comunicação com a consciência.

Foi essa noção do inconsciente e dos sonhos que levou Jung a perceber os símbolos de forma diversa e muito mais ampla do que a psicanálise. Freud via o símbolo como uma transposição, ou tradução, de uma imagem para outra, exigida pelo processo de repressão. Os símbolos na visão freudiana adquirem uma qualidade defensiva. Para Jung, os símbolos sempre atuam com o objetivo da cura, da auto-regulação, da complementação e da ampliação da consciência. Para ele as experiências simbólicas são sempre numinosas, poderosas, fascinantes, enriquecedoras e misteriosas.

Além da função de complementaridade, o inconsciente, na visão junguiana, tem também uma função prospectiva, transcendente, criativa, transformadora, religiosa e espiritual. Ele é o repositório dos germes das futuras potencialidades, do vir-a-ser, que impulsiona o homem para a evolução. Jung vê a totalidade da cultura humana como mitos, arte, música etc., como manifestações do espírito.

Essa visão do inconsciente leva também a um modo de compreensão mais complexo e profundo do homem, pois admite a dimensão criativa e espiritual como uma parte importante e fundamental da vida. O inconsciente, para Jung, tem uma função espiritual, mas essa pode estar reprimida ou inconsciente, o que compromete ou impede a busca espiritual do homem. Segundo Jung, não existem pessoas irreligiosas e a pessoa que se diz atéia é porque não reconhece um nível importante do seu inconsciente, o nível religioso.

Para Jung, o racionalismo e o materialismo levaram o homem ocidental a uma unilateralização da consciência e à negação do elemento transcendente, alienando-o das suas raízes mais profundas. Ele dizia que o Ocidente enfatizou a ciência e a razão num grau extremo, o que resultou num grande progresso científico e tecnológico, mas, por outro lado, o homem ocidental negligenciou o cultivo da sua alma. Para Jung, o desenvolvimento é a realização evolutiva do indivíduo como um processo crescente de encontro com a realidade espiritual da vida.

A concepção do inconsciente de Jung, sendo mais positiva e criativa do que a de Freud, determinou a independência da sua psicoterapia da ênfase colocada na psicopatologia. Dessa forma, o seu objetivo terapêutico era ajudar o homem a se libertar de suas neuroses, sofrimentos e inibições que impediam o seu crescimento. Mas, também, levar as pessoas a conhecerem o seu potencial criativo e a realizarem-se criativamente como indivíduos, liberando e atualizando riquezas interiores bloqueadas. E, acima de tudo, levar o indivíduo a reconhecer um poder maior interior, o *Self*, que é divino e ao qual o ego deveria se subordinar e estar a serviço. Para Jung, o desenvolvimento psicológico leva progressivamente para além do ego, para o *Self*.

O objetivo da sua psicoterapia era não só a cura dos sintomas e a adaptação da personalidade mas, sobretudo, a cura da alma e a abordagem do numinoso. A finalidade era a transformação espiritual, a auto-realização e a experiência da plenitude do lado transcendente da vida. A meta terapêutica de Jung era levar o indivíduo a refazer a conexão com o *Self* e, desse modo, religar-se à sua função espiritual e a comprometer-se com a busca do desenvolvimento espiritual. Para ele o homem é o portal, o elo de ligação entre o macrocosmo e o microcosmo.

Jung desenvolveu um método, que chamou de imaginação ativa, para criar um diálogo maior entre a consciência e o inconsciente, entre o ego e o *Self*. Ele acreditava que a transformação da personalidade acontece no intercâmbio entre a consciência e o inconsciente e com o contato com as imagens arquetípicas sagradas e a experiência direta com o numinoso. As imagens sagradas, presentes nas mais diversas mitologias, constituem o patrimônio da humanidade e estão armazenadas no inconsciente coletivo. Jung acreditava que essas imagens fazem parte da alma do homem e possuem um grande poder transformador e renovador. Segundo ele, o próprio homem é um teurgo, isto é, possui a capacidade de criar imagens de Deus para si mesmo, por meio da imaginação. O indivíduo que aprende a usar o poder da imaginação pode participar da vida das imagens como uma vivência interior de grande significado, a experiência do divino dentro de si mesmo.

Ao contrário de Freud, Jung não superestimou a importância do ego, que concebia como oriundo do *Self* e a ele subordinado e cuja função principal é a realização do *Self*. Ele via o *Self* e o inconsciente como um ente *a priori*, a partir do qual o ego se desenvolve. O ego, para Jung, era a expressão do *Self* manifestado no tempo e no espaço. Assim, chegou mesmo a desafiar a concepção freudiana do ego e da consciência do ego, como o centro da psique.

Jung entendeu que o ego tem, inerentemente, necessidades muito fortes de segurança, de estabilidade, de auto-afirmação, etc., provenientes dos sentimentos de fragilidade e de inferioridade, e isso leva a pessoa a buscar de forma neurótica a satisfação dessas necessidades. Mas, segundo ele, não se trata de fortalecer o ego, para curar a insegurança, a fragilidade, e a busca das satisfações neuróticas, como pensava Freud. O ego, na realidade, só supera esses sentimentos quando percebe que faz parte de uma realidade maior, quando identifica-se com o *Self*. Para isso, o ego deve tomar consciência da sua alienação do *Self* e de suas necessidades espirituais profundas. Quando isso ocorre, surge naturalmente o sentimento de valor e auto-estima e todas as necessidades auto-afirmativas perdem a importância e são substituídas pelas necessidades do *Self* que é a auto-evolução espiritual. A vida adquire também um maior significado e finalidade.

Dessa maneira, a finalidade da psicoterapia junguiana é deslocada do ego para o *Self*. O seu principal objetivo é levar o indivíduo a superar os limites estreitos da identidade do ego e a libertar-se da escravidão de seus falsos conceitos, para que ele possa se identificar com o *Self*, com o seu potencial interior divino. Os enganos e mal-entendidos do ego sobre a realidade é que o mantêm aprisionado à vida mundana ou a falsos conceitos filosóficos ou espirituais.

O ego cria o seu próprio mundo, mas é um mundo ameaçador, inseguro e imperfeito, do qual precisa defender-se constantemente. O ego alienado de sua fonte divina, o *Self,* torna-se inseguro, insensato e recria um mundo de superioridade aparente. A psicoterapia junguiana visa a mudança mental e de postura perante o mundo. Jung observou que os pacientes capazes de libertarem-se de seus sofrimentos e alcançarem níveis mais elevados de integração e desenvolvimento eram aqueles que se guiavam menos pelo ego e mais pelo *Self*, porque estavam identificados com as necessidades do *Self* e seguiam a sua voz interior. O budismo afirma que para se obter o conhecimento profundo de todas as coisas, deve-se superar a visão do ego.

Freud identificou com precisão muitas das causas do sofrimento humano e ofereceu meios e métodos eficientes para a cura. Mas ele centrou esse processo no ego, cuja característica inerente é a dualidade. Jung ampliou a compreensão do processo de cura quando percebeu a necessidade de fazer a centroversão da identificação do ego para o *Self*. Quando isso ocorre, o *Self* emerge como o novo centro da personalidade e as necessidades e as tendências neuróticas e egocêntricas do ego diminuem e, finalmente, acabam.

O objetivo da terapia junguiana é a dissolução da falsa visão do ego, de suas identificações e de seus falsos objetivos, para que o indivíduo possa identificar-se com o *Self*. Segundo Jung, o ego, cheio de auto-imagens distorcidas e de projeções, constitui um obstáculo para a emergência do *Self*. A tarefa é a redenção do *Self*, a redenção do Deus preso na matéria, no ego. O pensamento de Jung assemelha-se ao pensamento budista, pois a finalidade de sua psicoterapia centrava-se, não na adaptação do ego às normas, aos objetivos sociais e aos ganhos externos, mas na busca da realização do *Self*.

Jung afirma, à semelhança das tradições budistas, que perdendo o próprio ego o indivíduo encontra o *Self*. O ego deve ser sacrificado para que possa surgir o *Self*. E, só assim, pode curar-se do sentimento de ser dividido e separado dos comportamentos neuróticos auto-afirmativos. Segundo o budismo, a raiz de todos os problemas e sofrimentos está na visão distorcida do ego, que o leva, também, a perseguir objetivos inúteis. O ego acredita ser uma entidade concreta, distinta e separada de todos os outros fenômenos. Isso tanto traz um sentimento de divisão e de desamparo quanto constitui um entrave para o contato com o âmago de si mesmo, com o *Self* e a comunhão com todas as outras coisas.

No processo terapêutico, o que é transformado é essa visão limitante e limitadora do ego, substituída pela consciência de que o ser humano é maior do que acredita ser. Por intermédio da mudança da identidade do ego para o *Self*, o ego pode abandonar a sua aspiração de ser o centro da personalidade e reconhecer a existência de outro centro do qual é parte e ao qual deve subordinar-se. Esse processo corresponde ao sacrifício do ego. Para que o *Self* possa emergir, o ego, carregado de projeções e de falsas visões, precisa se dissolver. O reconhecimento da divindade, da *Imago Dei*, como uma realidade psicológica ou existencial é importante para a saúde da alma. Deus está na alma e não no exterior, assim é prejudicial para a saúde psíquica negá-lo.

O *Self*, na concepção junguiana, é o princípio numinoso, transcendente e imutável, presente em todas as coisas. Os cabalistas falam de *Tav*, a marca de *Shekinah*, ou da presença divina no mundo. Os alquimistas chamaram de *Signatura Rerum*, a assinatura do eterno nas coisas. O *Self* é o Eu superior, ou o Eu maior, a centelha divina no homem de que falam os sistemas místicos. Nesse sentido, a visão de Jung se aproxima do budismo, da cabala, dos gnósticos e, também, da visão de alguns físicos quânticos. Na cabala, o *Tzélem* corresponde à centelha, à imagem divina presente em todos os homens. O pleroma dos gnósticos é a plenitude eterna e infinita, da qual nos originamos e para onde retornaremos. O físico Niels Bohr tomou emprestado de Immanuel Kant a idéia do ego transcendente como o "pano de fundo da consciência" e que mantém uma relação complementar com esta, e os dois estão sempre presentes e entrelaçados. O *Self* é o arquétipo do homem eterno, o *Anthropos*, o *Homo Totus*, o homem divino dos gnósticos.

Jung considerava o conceito do *Self* de difícil apreensão. Para tornar mais acessível o seu entendimento, procurou fazer aproximações com outras tradições do conhecimento. No seu livro *Aion*, ele descreve o *Self* como a imagem de Deus projetada nas profundezas da alma, a imagem da totalidade gravada no inconsciente. Na alquimia, ele demonstrou que o *Self* está representado na "Opus Alquímica", o trabalho final dos alquimistas. Em *Psicologia e Alquimia*, ele reafirmou que os símbolos quaternários da mandala mostravam "o deus dentro da psique". No taoísmo, ele mostrou o *Self* representado como a Flor de Ouro. No hinduísmo, como a Semente Dourada. Jung afirmou que o símbolo do *Self* e o símbolo da imagem de Deus no homem, são na verdade a mesma coisa. Ele mostrou, com grande profundidade, como essa imagem está presente na psique humana e aparece representada nas mais diversas tradições. Para Jung, as antigas tradições sagradas são repositórios dos segredos da alma, e este inigualável conhecimento manifesta-se em grandes imagens simbólicas.

Nos seus escritos, Jung via Cristo como um símbolo do *Self*, que reconcilia os pares de opostos, divino/humano, espírito/corpo. Ele sempre atribuiu um grande valor psicológico e espiritual ao símbolo de Cristo como a expressão unificadora e curadora do *Self*. E reconheceu no Cristo o maior e o último representante simbólico do arquétipo do *Self*. E viu na redenção a expressão religiosa da individuação.

Jung concebe o *Self* como a quintessência dos arquétipos, o princípio organizador e diretor interior, a representação da divindade interior que guia todo o desenvolvimento do ego, pois contém as sementes do destino do indivíduo. Segundo Jung, o *Self* é: "o potencial para a integração da personalidade inteira". O *Self* individual é a centelha do *Self* universal ou Deus. E corresponde à verdadeira individualidade, da qual a individualidade do ego seria um reflexo. O *Self* é a totalidade numinosa da psique, o verdadeiro centro da psique, e o regente da função transcendente e espiritual do homem.

Para Jung, a religiosidade do homem não era, como explicava Freud, uma expressão de sentimento de desamparo infantil ou a sublimação de outros sentimentos sexuais, mas a função inerente à natureza humana, mobilizada pelo *Self* e que podia estar consciente ou reprimida. O impulso espiritual era a expressão da psique humana e do seu anseio pelo encontro com a Fonte do Ser. A potencialidade espiritual humana contém um impulso inerente para a plenitude e se expressa por meio de símbolos.

Esses símbolos se originam no *Self* e aparecem, principalmente, em sonhos, visões e estados alterados de consciência, mostrando um caminho de desenvolvimento espiritual ou psicológico. Jung via a necessidade do autoconhecimento como espiritual. O desejo de autoconhecimento era tanto psicológico quanto espiritual. Para Jung, o desenvolvimento da espiritualidade tinha grande importância no processo evolutivo e na autotransformação. Ele viu na busca do autoconhecimento um significado espiritual implícito e, mais tarde, perseguiu esse propósito de forma clara e determinada.

Jung mostrou que o desenvolvimento espiritual e o desenvolvimento psicológico são a mesma coisa e fazem parte do mesmo processo. E que um não pode prescindir do outro pois, do contrário, pode-se cair em alienação e fuga. Não existe desenvolvimento espiritual sem o correspondente desenvolvimento psicológico. E os dois caminhos levam ao desenvolvimento do sentido ético na vida.

Jung estudou profundamente os sistemas místicos tanto do Oriente quanto do Ocidente, e descobriu que todos eles descrevem o caminho do autoconhecimento como o que leva do material ao espiritual. O processo psicológico conduz ao espiritual, é a sua via de acesso, e os dois caminhos estão interligados. Sem esta condição, o que se tem é um processo espiritual estereotipado, alienado e dissociado da vida. Autoconhecimento e espiritualidade caminham juntos.

Jung sempre concebeu o seu trabalho científico como uma expressão de seu desenvolvimento interior. O seu comprometimento com os conteúdos do inconsciente, do *Self*, o levava, freqüentemente, a provocar transformações na sua vida e na sua obra. Ele foi além das concepções terapêuticas de sua época, e deslocou a preocupação excessiva com a psicopatologia e com os sintomas para a busca da realização do aspecto espiritual. Os sintomas e a doença eram importantes na medida em que constituíam entraves para o desenvolvimento e para a realização da vida criativa e espiritual. Por isso, Jung pôde compreender a doença como um caminho, como um fator mobilizador para o autodesenvolvimento.

Para Jung, o papel dos símbolos arquetípicos religiosos era dar significação à vida do homem e ligá-lo à realidade transcendente do *Self*, da qual faz parte. Ele defendeu a importância das experiências transcendentais ou espirituais para a saúde mental, pois a falta de consciência espiritual aliena o homem do *Self* e do significado e propósito maior da vida. A crença num processo evolutivo que também é espiritual torna o homem mais responsável pelo seu próprio desenvolvimento.

Jung via o chamado "mal do século", a depressão, a infelicidade, o embotamento, a automatização e a alienação da natureza e da vida, como a perda do significado espiritual que ligava o homem a uma realidade maior e transcendente. Ele afirmou que o materialismo e o racionalismo contribuíram para a negação do lado transcendente da psique e a alienação de suas raízes mais profundas. Por isso, Jung incluiu na sua meta terapêutica o resgate do sentido espiritual perdido, pois só assim seria possível a busca do sentimento de plenitude, de totalidade e de pertencer a uma realidade transcendente que só a ligação com o *Self* pode dar, a experiência do processo de individuação.

A plena realização e evolução do ser humano, segundo Jung, estaria em alcançar o sentimento de totalidade pela consciência de ser parte da realidade maior do *Self* e como indivíduo, ser um veículo para a expressão das inúmeras possibilidades de sua manifestação. A identificação com o *Self* cura a ferida da castração, da incompletude e da falta e os sentimentos de baixa auto-estima. E retira do ego toda a ilusão de buscar, neuroticamente, a compensação para os sentimentos de inferioridade.

Jung descreveu o desenvolvimento humano como uma jornada que começa com a saída do estado de totalidade indiferenciada, de fusão com o *Self*. No início, o ego vive num estado de identidade com a psique arquetípica, com o *Self*. Mas, para obter a consciência pessoal, o ego deve deixar essa matriz primordial e iniciar a sua jornada como herói para, depois, retornar para casa. Sem essa separação, não pode haver individualidade, e sem individualidade, não pode haver individuação.

Nesse processo, o ego se diferencia do *Self* e nasce como entidade autônoma. É estabelecida a discriminação entre o eu e o não-eu, o que pode ser traduzido, psicologicamente, como a saída da unidade regressiva mãe-criança, a saída desse estado de construção do sentimento de individualidade e independência. Com a separação do ego do *Self*, a consciência tende a se consolidar numa estrutura temporal, que se sente limitada e separada.

O homem, após trilhar o caminho de construção da individualidade, da consciência pessoal, deve iniciar o seu percurso em direção à busca da totalidade, ao reconhecimento da sua inter-relação com todas as coisas e à sua identificação com a realidade do *Self*. Essa busca da totalidade, da união e identidade com a realidade transcendente do *Self* e do exercício criativo da individualidade a serviço do *Self*, Jung chamou de processo de individuação, a doutrina central de sua psicologia.

O processo de individuação é o tornar-se inteiro e uno que leva à experiência do divino e do sagrado na dimensão simbólica da vida. Na individuação vivencia-se a reconciliação dos opostos — ego e *Self*, masculino e feminino, anima e animus, introversão e extroversão, matéria e espírito. A união dos opostos no interior da psique — que Jung chamou de "casamento sagrado" — leva a uma mudança radical. O *Principium Individuationis*, inerente à natureza humana, impele o homem a buscar a evolução, a totalidade e a ligação com Deus.

A finalidade da individuação para Jung é a androginia psíquica, a união do masculino com o feminino, a integração na unidade primordial, anterior à criação da consciência da individualidade. Por meio do processo de individuação, que envolve a busca contínua do autoconhecimento, do conhecimento da vida e da realidade divina, da junção de opostos, o homem pode fazer o seu caminho consciente de volta para casa, para a totalidade. Porque a pessoa que se tornou unida, que se tornou una, é capaz de entender a verdadeira origem do seu ser e assim pode voltar para casa. O processo de autoconhecimento sempre restabelece o eixo que liga o ego ao *Self*.

Essa busca da unidade é não-regressiva, ela só pode ser alcançada depois da construção da individualidade, do autoconhecimento. Nessa busca da unidade e totalidade não é abolida a noção de individualidade e de autonomia. O processo de individuação exige que o indivíduo substitua os valores coletivos por valores individuais e que mantenha a liberdade, independência e autonomia. É um tipo de liberdade que não é a liberdade ilusória do ego, mas a do *Self*.

Na individuação, o sentimento de unidade é criado em outro nível mais profundo, onde é encontrado o sentido e a ligação entre todas as coisas e da auto-realização consciente, que envolve a integração dos opostos, o casamento interior. Este processo, quando real, traz um grande sentimento de bem-estar, de relacionamento pleno consigo mesmo, com os outros, com a natureza. E leva à superação dos sentimentos de alienação e isolamento e à experiência da unidade com tudo o que existe, o conhecimento unificado.

O processo de individuação exige a renúncia aos objetivos do ego, o sacrifício de seus valores e de seus apegos, a fim de que possa emergir a verdadeira natureza que é divina. Quando o homem perde o ego, encontra o *Self*. Jung viu o processo de individuação como a realização do aspecto divino no homem. Segundo ele, por meio do conhecimento de Deus, da realidade divina dentro de si mesmo e da totalidade de todas as coisas, o homem poderia renunciar às necessidades defensivas de segurança, preservação e sobrevivência do ego, como prestígio, poder, *status* ou a necessidade de se sentir produtivo, ativo e aproveitador da vida. Quando o indivíduo supera esses sentimentos pode realmente sentir-se vivo e participante da vida. Dessa forma, pode exercer a sua ação criativa, atualizando o seu potencial no mundo e se colocando como um veículo para a realização do *Self*.

O processo de individuação se refere a essa busca ascendente da unidade transcendente, do centro real, o *Self*, que é a finalidade comum a todas as religiões e aos sistemas metafísicos do Oriente, no taoísmo, no budismo, no hinduísmo, no tantrismo etc.

Jung viu no sistema da Yoga Kundalini um símbolo do processo de individuação, um caminhar progressivo do mais instintivo para o mais espiritual, do mais terreno para o mais celeste. E interpretou o sistema dos *chakras*, os centros psíquicos de energia, como a representação simbólica corporal dos vários degraus, estágios ou níveis de consciência que o homem pode alcançar. A meta seria o sétimo *chakra*, o lugar da união de Shiva e Shakti. No tantra budista, o sistema dos *chakras* é comparado a um templo sagrado com seus vários pavimentos.

Segundo Jung, o processo de individuação envolve a realização da individualidade de cada um, que deve ser posta a serviço do *Self*, e não a serviço dos desejos narcísicos e auto-afirmativos do ego pois, nesse processo, o ego abdica de seu poder e do desejo de apropriação dos potenciais do *Self*, porque sente que esses também lhe pertencem. A personalidade individual pode se sentir co-criadora com o *Self*.

Na sua prática clínica, Jung reconhecia a singularidade de cada um e respeitava a direção interior individual na busca da totalidade. Ele acreditava que o *Self* possuía a sabedoria para conduzir cada indivíduo à sua verdadeira natureza, bastando apenas saber ouvir a sua voz interior.

A individuação se refere à plena realização do potencial inato de cada um, que é divino, e que é sentido e colocado, de forma consciente, a serviço da realização do *Self* e a serviço da evolução da humanidade como um todo. O processo de individuação leva sempre para além do ego, até o *Self*, do pessoal ao transpessoal, do profano ao sagrado. No cristianismo, essa totalidade é simbolizada pela Arca da Aliança, que representa a aliança do homem com Deus.

Para Jung a individuação é o tornar-se o que se é em potencial, na real essência de cada um, mas mantendo a consciência de um objetivo maior: a realização do *Self*. A individualidade são os incontáveis meios pelos quais o *Self*, Deus, se manifesta e se atualiza. Realizar os potenciais da individualidade é realizar o desejo do *Self* de manifestação na experiência humana. Realizar os potenciais do *Self* é permitir que o espírito se expresse no mundo das formas temporais e culturais.

Na sua busca do conhecimento e contribuição de outras fontes e tradições, Jung encontrou no gnosticismo e no trabalho dos alquimistas um paralelo simbólico com o processo de individuação e considerou que tanto nos gnósticos quanto na alquimia medieval estavam contidas as raízes espirituais do Ocidente. Ele se dedicou profundamente ao estudo do gnosticismo durante doze anos e chegou à conclusão de que havia um liame entre a gnose, a alquimia e a psicologia analítica; por isso, o gnosticismo poderia servir como ponte para uma revalorização da tradição cristã.

No seu livro *Sonhos, memórias e reflexões*, Jung diz: "Vi logo que a psicologia analítica concordava singularmente com a alquimia. As experiências dos alquimistas eram minhas experiências, e o mundo deles era, num certo sentido, o meu. Para mim, isso foi naturalmente uma descoberta ideal, uma vez que percebi a conexão histórica da psicologia do inconsciente. Esta teria agora uma base histórica. A possibilidade de comparação com a alquimia, da mesma forma que a sua continuidade espiritual, remontando até a gnose, conferia-lhe substância. Estudando os velhos textos, percebi que tudo encontrava o seu lugar: o mundo das imagens, o material empírico que colecionara na minha prática, assim como as conclusões que disso havia tirado".[10]

Para Jung, o gnosticismo, era a expressão mitológica de uma experiência interior que tinha como finalidade a busca da plenitude do Ser. Os gnósticos se autodenominavam como aqueles que possuíam a gnose ou o conhecimento. E que este não era racional, mas o conhecimento direto, pessoal e absoluto das verdades da existência. O conhecimento intuitivo que emerge do coração, a "Gnosis Kardia".

Os gnósticos transformavam as suas experiências místicas em mito. C. Kerényi, o grande mitólogo, no livro que escreveu com Jung, *Ensaios sobre uma ciência da mitologia*, também afirma que os gnósticos eram místicos que se especializaram na mitologização da experiência mística. Jung viu nos símbolos da mitologia gnóstica paralelos psicológicos e arquetípicos com a alquimia e que estavam presentes na psique humana. E descobriu semelhanças incríveis entre as imagens arquetípicas dos gnósticos e dos alquimistas e as suas próprias imagens oníricas. O mesmo processo de transformação, descrito pelos gnósticos como a viagem da alma através das regiões eônicas, era descrito pelos alquimistas como a transformação da matéria-prima negra no ouro reluzente do *opus* alquímico.

Jung interessou-se pelas descobertas dos documentos de Nag Hammadi, embora ele já conhecesse alguns códices gnósticos antes dessa descoberta. Ele reconheceu nas diversas manifestações da mitologia gnóstica as mesmas imagens arquetípicas do processo de individuação, que estão presentes na psique humana, em todas as épocas e lugares.

Os evangelhos da Biblioteca de Nag Hammadi falam dos ensinamentos secretos de Cristo revelados aos seus discípulos depois de sua ressurreição e que foram anotados e escondidos por eles.

A concepção de Jung sobre a separação do ego do *Self* e sua jornada de volta para casa, ou seja, a busca da totalidade, que chamou de processo de individuação, tem similaridade e relação com o mito gnóstico "A canção da pérola". Esse mito descreve um estado de totalidade original que é rompido pela necessidade da alma de seguir um caminho de realização própria. Nessa jornada individual a alma corre o risco de perder-se. Mas, no final, ela reconquista a totalidade perdida num outro nível. Muitos dos elementos desse mito falam simbolicamente da separação do ego do *Self*, da realização no mundo e, depois, do processo de reencontro com o *Self*.

Os textos gnósticos falam freqüentemente da junção de opostos, a finalidade do processo de individuação. A experiência da Câmara Nupcial se refere simbolicamente ao casamento espiritual. Vários textos afirmam que a Câmara Nupcial existe para refazer a unidade primordial. Como diz o Evangelho de Felipe. "Também o feminino é reunido ao seu consorte na Câmara Nupcial. E aqueles que foram reunidos na Câmara Nupcial jamais serão separados novamente."[11]

E o Cristo gnóstico, a esse respeito, diz: "... Quando fizerdes de dois um, e quando fizerdes o interior como o exterior e o exterior como o interior e o acima como o abaixo, e quando transformades o masculino e o feminino em uma única unidade, para que o macho não seja só macho e a fêmea não seja só fêmea, quando criardes olhos no lugar de um olho, e uma mão no lugar de uma mão e um pé no lugar de um pé, e também uma imagem no lugar de uma imagem, então certamente entrareis no reino".[12] Os gnósticos viam no padrão criativo da conjunção de opostos a possibilidade de libertação do homem do conflito da dualidade e a criação de uma consciência nova e superior.

Jung dizia que, como os gnósticos, poderíamos buscar o sentido de Deus como uma presença interior direta e transformadora. Gnose quer dizer conhecimento; mais precisamente, autoconhecimento, conhecimento intuitivo, baseado na visão interior, na contemplação e na meditação. Os gnósticos acreditavam que, por meio desse conhecimento, o homem podia descobrir o espírito divino preso em seu interior. Um dos propósitos do gnosticismo era a libertação da centelha divina presa na matéria.

Para os gnósticos, o autoconhecimento e o conhecimento de Deus eram a mesma coisa. E, para obter esse conhecimento, era necessário abandonar o falso mundo criado pela mente. Jung reafirmou o mesmo, em linguagem psicológica, ao declarar que, para reconhecer o *Self*, o ego deveria libertar-se de sua falsa visão e objetivos, de sua própria alienação do *Self*.

No início de sua carreira (1916) Jung produziu um tratado poético chamado *Os sete sermões aos mortos*, o qual nunca assinou e que foi mais tarde considerado inteiramente de cunho gnóstico. Esse trabalho foi distribuído entre um pequeno círculo íntimo de amigos de Jung. Muitos junguianos consideram esse trabalho como a fonte e a origem da obra de Jung. Nele aparece uma das primeiras afirmações de Jung sobre a individuação.

Jung viu na alquimia a herança da tradição gnóstica do conhecimento e percebeu que os gnósticos e os alquimistas compartilhavam da mesma busca. O processo de transformação, simbolizado pelo gnosticismo como a viagem da alma pelas regiões eônicas, era descrito por Paracelso como a transformação da "matéria-prima negra" em ouro alquímico. Para Jung, o gnóstico, o alquimista no seu laboratório e o analisando na sua sessão passam por experiências psíquicas semelhantes, na busca da totalidade, do *opus* alquímico, da pedra filosofal.

O paciente no seu trabalho de transformação psíquica busca, como os gnósticos e os alquimistas, libertar o Deus preso na matéria, busca propiciar a emergência do *Self*, preso na matéria egóica. Quando o ego abandona a sua onipotência (a maldição dos arcontes, segundo os gnósticos) e reconhece o *Self*, o seu ouro interior começa a brilhar.

O ouro, que tanto os alquimistas como o paciente buscam, não é o ouro vulgar, é o ouro do *Self*. *"Aurum nostrum non est aurum vulgi."* Jung relacionou depois esse ouro com a figura de Cristo. Para os alquimistas, o processo de transformação da matéria correspondia à transformação psíquica, no interior de si mesmo. Quando esse processo estava para ser concluído, os alquimistas diziam que aparecia uma luz com matizes multicoloridos, que eles denominavam "aurora" ou *"cauda pavonis"* e significava o alcance de um nível elevado de consciência, da plenitude. O ouro, a pedra filosofal, a pérola e a totalidade correspondem ao *Self*. A psique para os gnósticos e para os alquimistas era fonte de conhecimento de Deus.

A vida humana, na visão de Jung, não era condicionada só pelo consciente, mas também pelo inconsciente. Para compreender isso, é necessário superar o conceito de causalidade e admitir o princípio da sincronicidade. Ele define a sincronicidade como "uma coincidência no tempo entre dois ou mais eventos sem relação causal, eventos que possuem o mesmo sentido ou um similar". As ligações entre os eventos não resultam do princípio de causa e efeito, mas de algo mais, o princípio de conexão não-causal. Na sincronicidade, os eventos do mundo exterior e interior, a experiência subjetiva e objetiva conectam-se de forma significativa, sem a interferência do ego. Isso tudo, para ele, indicava a harmonia subjacente que existe entre todas as coisas no universo.

Os conceitos de Jung estavam muito próximos das concepções da nova física, como a totalidade, a união dos opostos, a complementaridade, a sincronicidade etc. A nova física mostrou que os fenômenos quânticos apresentam uma totalidade que não pode ser percebida na vida cotidiana. A ciência estabeleceu que a totalidade indivisa é a propriedade mais fundamental do cosmo.

Jung foi o primeiro psicólogo que viu a importância dos conceitos da nova física para a psicologia. Ele percebeu que existia um terreno comum entre os conceitos da física e a sua psicologia. "Cedo ou tarde, a física nuclear e a psicologia irão convergir, pois ambas, independentemente uma da outra e provenientes de direções opostas, abrem caminho em um território transcendental, uma com o conceito de átomo e a outra com o conceito de arquétipo."[13] Ele dizia que o que torna a psicologia diferente das outras ciências e semelhante à física é a participação do observador no fenômeno observado, porque ele também é parte desse fenômeno. Os fatos podem ser simultaneamente observados como fatos e como símbolos, como partículas ou como ondas. E dependendo da forma como são vistos, assim se revelam.

Jung, junto com o prêmio Nobel de física Wolfgang Pauli, realizou um trabalho sobre a sincronicidade e foi buscar na filosofia chinesa a correspondência para esse conceito. Ele encontrou no *I Ching, o Livro da Mutações*,* na idéia do Tao, a fonte de inspiração para o desenvolvimento do seu conceito sobre a sincronicidade.

Para Wolfgang Pauli, a psicologia com seus conceitos de arquétipos e a física com a lei das probabilidades estão expandindo, cada uma por seu lado, a noção de determinismo e causalidade a uma forma mais ampla de conexões na natureza. Assim ele vê a sincronicidade como um problema psicofísico.

Jung foi o precursor da abordagem holística na psicologia. Na sua compreensão da realidade, ele procurou vincular o psíquico ao comportamento, ao aspecto biológico e espiritual, buscando sempre uma visão unitária do mundo. Perseguindo esse objetivo, o do *"unus mundus"*, ele foi buscar a sabedoria tanto do Oriente quanto do Ocidente, na ciência racional e no conhecimento intuitivo das diversas tradições. Essa visão está presente na sua concepção do processo de individuação, como a integração dos opostos que leva ao desenvolvimento harmonioso do ser humano e a sua interação criativa com o ambiente que o cerca.

Nesta época de dessacralização, Jung mostrou o caminho para a restauração da espiritualidade por intermédio da reapropriação da tradição antiga da qual o homem moderno se alienou. Ele afirmava

---

* Publicado pela Editora Pensamento, São Paulo, 1983.

que, à medida que os indivíduos conseguissem alcançar a totalidade dentro de si mesmos, a cultura seria influenciada nesse sentido e se encaminharia para o equilíbrio, a junção dos opostos e para a totalidade.

Jung também deixou muitos seguidores, que fizeram acréscimos importantes à sua teoria, como Marie-Louise Von Franz, F. Fordham, M. Fordham, Esther Harding, Jolande Jacobi, Aniella Jaffé, Erich Neumann, G. Adler, James Hillman, Edward Edinger, Edward Whitmont, Guggenbühl-Craig, Rafael Lopez Pedraza, Andrew Samuels etc.

Esses teóricos enfatizaram diferentes aspectos da obra de Jung e constituíram as escolas pós-junguianas. Segundo Andrew Samuels, existem definidamente três escolas pós-junguianas: a Escola Clássica, a Escola de Desenvolvimento e a Escola Arquetípica.

Depois da psicanálise freudiana e da psicologia junguiana, a psicologia humanista é considerada a terceira força. Ela surgiu como uma reação à abordagem mecanicista e à psicanálise. Abraham Maslow é considerado o fundador da abordagem humanista e seu principal representante. Ele estava mais interessado nos indivíduos considerados saudáveis e nos aspectos positivos do comportamento humano. Maslow realizou um estudo de pessoas que apresentavam experiências transcendentes espontâneas e encorajou os terapeutas a se afastarem do modelo biomédico.

A psicologia humanista ficou conhecida como o Movimento do Potencial Humano, pois privilegiava e dava ênfase à auto-realização e às potencialidades de mudança e de crescimento do ser humano. Seus representantes principais foram Anthony Sutich, Rollo May, Carl Rogers, Erich Fromm, Roberto Assagioli etc.

Carl Rogers postulou a existência de um processo direcional na vida do homem que chamou de "tendência realizadora", que sempre impulsiona o indivíduo em direção à auto-realização, à plenitude. Ele denunciou a excessiva atenção que os terapeutas davam à doença e nenhuma atenção aos aspectos construtivos e criativos da personalidade. Formulou uma abordagem terapêutica que chamou de "terapia centrada no cliente", onde muda o enfoque da visão negativa da doença para a positiva que privilegia os potenciais de cada um.

Nos anos 60, nos Estados Unidos, vários psicólogos humanistas começaram a se interessar pela dimensão espiritual da vida: o êxtase, as experiências místicas, a consciência cósmica etc. A essa nova área de pesquisa foi dado o nome de transpessoal, além do pessoal.

A psicologia transpessoal surgiu e foi uma expansão e desenvolvimento natural da psicologia humanística. Maslow já colocava ênfase na auto-realização e nas experiências transcendentes. Ele disse que todas as pessoas, desde o nascimento, possuem o desejo inato de auto-realização. Mas que esse desejo é esquecido ou reprimido na maioria das pessoas, enquanto que em algumas raras pessoas ele se mantém ativo e consciente. A essas pessoas ele chamou de autorealizadas.

A psicologia transpessoal é um desenvolvimento da psicologia humanista, mas diferencia-se desta por dar ênfase à dimensão espiritual do indivíduo que a vê como uma das finalidades do desenvolvimento humano.

Stanislav Grof é considerado um dos principais representantes dessa abordagem. Na introdução do livro *Além do cérebro*, Grof declara: "Conheci um pequeno grupo de profissionais, nos últimos anos da década de 60, que incluía Abraham Maslow, Anthony Sutich e James Fadman, que compartilhava minha crença de que o tempo estava maduro para o lançamento de um novo movimento em psicologia, que enfocasse o estudo da consciência e o reconhecimento dos significados das dimensões espirituais da psique".[14]

Para Stanislav Grof, o desenvolvimento espiritual é uma capacidade evolutiva inata a todos os homens. É um movimento rumo à integridade, à descoberta do verdadeiro potencial individual. A psicologia transpessoal considera que as necessidades espirituais são tão importantes quanto as outras necessidades e que elas devem ser preenchidas e vividas para se atingir um desenvolvimento sadio, pleno e completo.

O reconhecimento da existência do nível transpessoal da consciência e das experiências ligadas a esse nível, entendidas como aspectos intrínsecos da natureza humana, e não como doença ou processos de alienação, foi o ponto fundamental postulado pela psicologia transpessoal que também defendia o direito do indivíduo de escolher ou de modificar o seu caminho para atingir os objetivos transpessoais.

A psicologia transpessoal preocupa-se com os aspectos transcendentes e místicos do indivíduo no seu caminho para a auto-realização e dá enfâse à espiritualidade e ao potencial do indivíduo para a transcendência, considerado como inerente ao homem. Assim, procura possibilitar, por meio do trabalho terapêutico, que o indivíduo possa vir a experimentar a consciência como fundamento de tudo.

Anthony Sutich, um dos fundadores dessa nova abordagem, explorou a consciência tanto no campo da psicologia transpessoal quanto no da psicologia humanista, e estabeleceu o elo de ligação entre os dois movimentos. A psicologia transpessoal logo foi considerada como a quarta força em psicologia, depois do behaviorismo, da psicanálise e da psicologia humanista.

Abraham Maslow é considerado o pai filosófico da psicologia humanística e transpessoal. Nos seus livros, ele procura unir a psicologia humanística à educação, à religião e à empresa. No seu livro *Psicologia do ser*, Maslow menciona experiências de estados elevados de consciência, que ele chamou de experiências culminantes (*peak experiences*). E as define como experiências de paz, felicidade, amor ou de realização criativa suprema.

A partir de suas pesquisas com LSD, Stanislav Grof concebeu a consciência como estratificada em vários níveis e elaborou uma cartografia da consciência que mostra que cada nível corresponde a um determinado tipo de experiência. Segundo Grof, o inconsciente apresenta os seguintes níveis:

1. *Nível abstrato e estético* — experiências intensas de cores e formas — que se combinam em imagens complexas e podem estar acompanhadas de forte carga emocional.

2. *Nível psicodinâmico* — corresponde ao inconsciente pessoal freudiano, com a vivência de conteúdos edípicos, de angústia de castração, inveja do pênis e outros conflitos libidinais. Abordado pela psicanálise.
3. *Nível perinatal e início das experiências transpessoais.* Neste nível se situam as experiências de morte e renascimento, de doenças, como de suas angústias. Foi o nível explorado por Otto Rank. Neste nível ocorre uma abertura para as dimensões espirituais da psique. É a fronteira entre o pessoal e o transpessoal. Neste nível Grof descreveu quatro matrizes básicas, que ele também define como sistemas dinâmicos organizadores:

Matriz perinatal I — união com a mãe.
Matriz perinatal II — antagonismo com a mãe.
Matriz perinatal III — sinergismo com a mãe.
Matriz perinatal IV — separação da mãe.

Essas matrizes estão ligadas às síndromes psicopatológicas de ansiedade, depressão, agressividade, tendência suicida etc. Com a descoberta desses níveis perinatais, Grof ampliou a compreensão da psicopatologia e ofereceu novas possibilidades terapêuticas.

4. Nível transpessoal — expansão da consciência além do chamado estado de normalidade. Alargamento das fronteiras espaciais e temporais e da identidade. Inconsciente coletivo junguiano.

Grof acredita que existe uma inteligência criativa, intangível, impenetrável, autoconsciente que está presente em todos os campos da realidade. Seu pensamento o aproxima das concepções de David Bohm, para quem a totalidade abrangente, a ordem implícita ou envolvente, está presente em tudo e é a sua fonte e matriz geradora. Como Jung, Grof vê o desenvolvimento espiritual como um movimento em direção à integridade, à descoberta do verdadeiro potencial individual e como uma parte integral de nossa existência. Ele postula que o desenvolvimento espiritual é uma capacidade evolutiva inata a todos os seres humanos: "Está se tornando cada vez mais evidente que a ânsia pela transcendência e a necessidade de desenvolvimento interior são aspectos básicos e normais da natureza humana. Estados místicos podem curar profundamente e ter um impacto positivo importante na vida da pessoa".[15]

Mas no mundo moderno os valores e a busca espiritual são ignorados ou substituídos por anseios de *status*, segurança e de posses materiais. Grof diz que o estado harmonioso e sadio ideal é quando o indivíduo integra o aspecto hilotrópico (orientado materialmente), com o aspecto holotrópico orientado em direção à totalidade. A pessoa orientada exclusivamente no nível hilotrópico da consciência, sente-se insegura e preocupa-se somente com a aquisição de bens materiais e com os aspectos de sobrevivência imediata e prática da vida. Por outro lado, a pessoa unilateralmente orientada no nível holotrópico, tem dificuldade de integração à realidade da vida diária e sofre com isso. A harmonia estaria na integração dos dois aspectos; enfrentar a realidade cotidiana sem ansiedade, com responsabilidade, sabendo ao mesmo tempo, que essa tem um valor relativo; e estar consciente e relacionado com uma dimensão espiritual e cheia de significado.

Influenciada pelo conhecimento espiritual do Oriente, a psicologia transpessoal sentiu a necessidade de estabelecer um mapeamento da psique mais abrangente, que incluísse os vários níveis de consciência que se interpenetram. A maioria das tradições afirma que existe um amplo espectro dos estados de consciência. O hinduísmo concebe a vida psíquica como uma totalidade dinâmica formada por vários níveis, os quais se irradiam a partir de um único centro, o *Self*. Em cada nível da consciência, podem ser percebidos aspectos da realidade correspondente ao estado de consciência. A consciência está estratificada em níveis e é pluridimensional. Vários teóricos independentes e influenciados pelo pensamento oriental construíram cartografias da consciência, que variam entre si, mas apresentam pontos comuns.

Esse mapeamento é importante porque permite compreender o processo evolutivo por meio dos vários estados pelos quais passa a consciência, dos inferiores aos superiores. Essa compreensão incentiva o movimento progressivo e evolutivo da consciência em direção aos estados superiores e transcendentes, até a experiência da consciência, como o fundamento de si mesma e do mundo.

Ken Wilber, ao lado de Grof, é um dos principais teóricos da psicologia transpessoal. Ele concebe a consciência como estruturada em vários níveis, que refletem infinitas possibilidades e, portanto, têm de ser abordadas pelo processo terapêutico apropriado, que abrange desde a psicanálise até as técnicas místicas orientais. Para Wilber, cada escola de psicologia enfoca um determinado nível de consciência, e constrói as suas teorias e ações terapêuticas dependendo desse enfoque. Assim surgem os conflitos entre as escolas.

Segundo Wilber, as diversas escolas de psicologia não são contraditórias em seus pressupostos, mas complementares. Para se ter uma visão de totalidade do ser humano, deve-se tentar unir todos esses conhecimentos. No seu trabalho, ele tenta integrar a visão de Freud, Jung, Maslow, May e as visões de Krishnamurti e de Buda. Aconselha que, na pesquisa sobre a consciência, deve-se tentar juntar não só os conhecimentos ocidentais, mas sobretudo os orientais, pois estes possuem conhecimentos mais amplos, já que admitem uma gama muito maior de estados de consciência.

Os psicólogos transpessoais estão empenhados em fazer a integração do conhecimento oriental com o ocidental. O psiquiatra suíço da abordagem existencial, Medard Boss, foi um dos primeiros terapeutas a ir buscar no Oriente a literatura e as práticas que trabalhavam com a expansão da consciência.

Ken Wilber desenvolveu um modelo teórico de consciência que abrange um amplo espectro, um conjunto de aspectos que só podem ser trabalhados e desenvolvidos se forem reunidas essas diversas abordagens. No seu livro *A consciência sem fronteiras*,* ele formulou um espectro da consciência e mostra quais as abordagens tera-

---

* Publicado pela Editora Cultrix, São Paulo, 1991.

pêuticas mais adequadas para cada nível. Mas ele também adverte que cada nível do espectro é, ao mesmo tempo, uma restrição ou limitação da consciência da unidade, que nos impomos. Wilber diz que os diferentes níveis do espectro são semelhantes às várias ondas do oceano; cada onda é diferente de todas as outras mas, ao mesmo tempo, faz parte da totalidade do oceano. "E não há limite, nem diferença, nem separação entre a água e qualquer uma das ondas. Isto é, a água está igualmente presente em todas as ondas."[16]

1. Nível da *persona*: divisão entre *persona*-sombra. Aconselhamento simples, terapia de apoio.
2. Nível do ego: divisão entre ego-corpo. Psicanálise, psicodrama, análise transacional, terapia da realidade, psicologia do ego.
3. Nível existencial ou do centauro: divisão do organismo como um todo. Bioenergética, terapia rogeriana, terapia da Gestalt, análise existencial, logoterapia, psicologia humanista.
4. Nível transpessoal: faixas transpessoais. Neste nível, já é possível ao indivíduo reconhecer uma instância maior e superior ao seu ego. Psicologia analítica de Jung, psicossíntese, o trabalho com arquétipos e imagens mitológicas, as técnicas de visualização oriundas da Índia e do Tibete.
5. Nível da mente unidade: o sentimento de união com a totalidade. Por meio das contribuições do zen-budismo, do vedanta, da cabala judaica, do sufismo, pode ser eliminada a separação entre a mente e o corpo e promovida uma maior conexão com o *Self*.

Esses estados de consciência se alinham ao longo de um espectro e representam os diferentes níveis de manifestação da consciência.

Wilber acredita que a tendência da consciência é se diferenciar para uma ascensão cada vez maior e mais rápida até a forma mais transcendente. Para isso, o terapeuta tem de estar preparado para criar condições que propiciem o desenvolvimento do indivíduo em direção a níveis cada vez mais elevados de consciência. A psicologia transpessoal admite "que existe um amplo espectro de estados alterados de consciência; que alguns desses estados são potencialmente úteis e funcionalmente específicos (isto é, possuem algumas funções não-disponíveis no estado normal, mas carecem de outras) e que alguns deles são verdadeiros estados superiores".[17]

O objetivo principal da terapia transpessoal, compartilhado pelos seus teóricos e terapeutas, é incentivar as possibilidades de ampliação da consciência em direção ao estado superior e cada vez mais elevado até atingir o estado último de consciência suprema e espiritual. Para a abordagem transpessoal, a transcendência do ego é um ponto importante a ser desenvolvido, para que se torne possível a verdadeira transformação e integração do indivíduo em outros níveis de experiência.

A psicologia transpessoal acrescenta às técnicas terapêuticas tradicionais outras técnicas, com a finalidade de promover a alteração da consciência. Esse é o objetivo de todas as tradições místicas do Oriente e do Ocidente e, por isso, estas têm muito a oferecer em termos de experiência e técnicas. Mas Ken Wilber esclarece que o desenvolvimento do ego é uma das etapas do desenvolvimento da consciência e que não pode ser transcendido e ultrapassado antes de plenamente vivenciado.

Os psicólogos transpessoais vêm utilizando e pesquisando a meditação com o intuito de criar um elo que beneficie tanto as disciplinas de meditação quanto as técnicas experimentais da ciência. Hoje é comprovado que a meditação pode provocar um grande número de efeitos físicos e psíquicos benéficos.

A psicologia transpessoal define as experiências espirituais como aquelas que têm uma qualidade numinosa, sagrada e totalmente fora do comum. "A espiritualidade é algo que caracteriza o relacionamento entre a pessoa e o universo e não requer, necessariamente, uma estrutura formal, um ritual coletivo ou a mediação feita por um sacerdote."[18] Por outro lado, a religião é uma forma de atividade grupal que pode ou não conter a verdadeira espiritualidade.

Atualmente, o termo usado para definir as experiências espirituais é transpessoal, que significa transcender o modo comum de perceber e estar no mundo. E o que interessa à psicologia transpessoal são as conseqüências práticas e terapêuticas das experiências espirituais, pois acredita que estas podem provocar uma influência transformadora e benéfica de larga extensão. Tanto a psicologia analítica de Jung quanto a psicologia transpessoal consideram a experiência do sagrado como intrinsecamente terapêutica e integradora.

Na abordagem transpessoal, além das metas terapêuticas de outras abordagens, como a superação de sintomas, a compreensão dos aspectos inconscientes e a auto-realização, é acrescentado o trabalho transpessoal conforme a demanda do cliente. "O trabalho terapêutico na orientação transpessoal valoriza e facilita a vivência das experiências transcendentais tidas como oportunidades potencialmente valiosas para o crescimento e o desenvolvimento humano. Tais experiências ocorrem tipicamente nos 'estados alterados de consciência'."[19]

A psicologia transpessoal preocupa-se em desenvolver métodos psicoterápicos mais abrangentes que levem ao desenvolvimento e expansão da consciência em vários níveis. A abordagem transpessoal utiliza as várias tendências do pensamento psicológico ocidental com as metodologias desenvolvidas por sistemas místicos do Oriente como o budismo, a yoga, o taoísmo e o sufismo, fazendo uma síntese integradora. A psicologia transpessoal não vê com preconceito e favoritismo outras abordagens, nem as considera contraditórias, mas complementares.

A psicologia transpessoal representa atualmente a síntese integradora entre as várias abordagens psicológicas e outras disciplinas científicas e filosóficas do Oriente e do Ocidente. Ela tenta unir o conhecimento atual da ciência do Ocidente, com o conhecimento do Oriente. A psicologia transpessoal, dessa maneira, utiliza o conhecimento oriundo de várias disciplinas, na tentativa de fazer essa síntese, reunindo a maior parte possível de dados sobre a consciência humana.

A importância da psicologia transpessoal está em fazer a síntese entre as várias abordagens terapêuticas e a união entre a ciência da psicologia e a tradição mística do Oriente e do Ocidente. "Os teóricos da abordagem transpessoal estão particularmente interessados na contribuição da física moderna para renovar e ampliar a concepção de mundo, imagem do homem, inter-relacionamento homem/cosmo, correlações entre a natureza da realidade e sua percepção nos estados de consciência em geral."[20] Stanislav Grof, no seu livro *Além do cérebro*, diz que a contribuição da física quântica foi muito importante para ampliar a compreensão filosófica da existência, que se torna, a partir dela, mais complexa, profunda e sofisticada e se aproxima da concepção encontrada nas grandes tradições místicas do mundo.

A psicologia transpessoal adquire a máxima relevância científica dentro do movimento holístico. Os seus conceitos e atuação terapêutica estão fundamentados na visão holística do mundo. Ela concebe o homem como uma totalidade, em que os níveis físico, emocional, mental, existencial e espiritual estão profundamente interligados e são interdependentes.

A psicologia transpessoal compreende o homem como uma totalidade constituída por diversos níveis. Assim, vê a doença como um desequilíbrio em um desses níveis e a saúde como o funcionamento harmonioso e integrado do ser em sua totalidade. Essa concepção de homem, elimina, definitivamente, a visão fragmentada, reducionista e mecanicista. E redefine os conceitos de saúde, doença e cura.

Stanislav Grof, no seu livro *Além do cérebro*, afirma que um enfoque ateu, mecanicista e materialista do mundo e da existência reflete uma profunda alienação do núcleo do próprio ser do homem, que é espiritual. Grof chama essa visão truncada e unilateral da existência humana de hilotrópica e, assim, cunha uma nova categoria de patologia mental que está disseminada no mundo: a negação da espiritualidade, ou repressão da espiritualidade, que é autodestrutiva, pois nega a possibilidade de completude e plenitude do indivíduo e é determinante de sentimentos e comportamentos de caráter ansioso e destrutivo.

Embora a psicopatologia continue a ser o principal interesse das psicoterapias no Ocidente, existe um reconhecimento cada vez maior de que a saúde psíquica não se reduz a simplesmente "não estar doente". Ser saudável é ter um nível de motivação amplo, de desenvolvimento intelectual, moral, afetivo, criativo e espiritual, além daquilo que tradicionalmente se considerava normal, ou seja atingir os limites superiores da maturidade psicológica.

Além de Sutich, Maslow, Grof, Wilber, outros importantes representantes dessa abordagem são:

Daniel Goleman é editor da *Psychology Today*. Como psicólogo clínico fez amplas pesquisas sobre a meditação na Índia e no Ceilão e ministrou aulas de meditação em Harvard. E é autor do livro *As variedades da experiência de meditação*. Ele diz que a abertura da psicologia contemporânea é um requisito para a obtenção do conhecimento e da sabedoria contidos nos sistemas psicoespirituais das psicologias antigas. O budismo visa o alcance de um estado de consciência que transcende todos os domínios normais do ser, chamado estado de Buda. A condição de Buda é atingida por meio da transformação da consciência comum.

Charles Tart, professor de psicologia da Universidade da Califórnia, fez pesquisas sobre hipnose, meditação, estados alterados da consciência e os fenômenos paranormais. É autor dos livros *Os estados alterados de consciência*, *Psicologia transpessoal* e *Estados da consciência*.

Elizabeth E. Mintz tem-se dedicado, na sua prática clínica, à observação e ao estudo dos aspectos paranormais e transpessoais. Mintz observou que podem existir semelhanças entre alguns aspectos das experiências esquizofrênicas e das experiências místicas, mas que o melhor critério para discriminar a experiência mística da doença mental é considerar em que extensão o paciente é capaz de reconhecer a realidade e como ele se relaciona com ela.

James Fadiman é o fundador da Associação de Psicologia Transpessoal e do *Jornal de Psicologia Transpessoal*. É autor de vários livros, inclusive um manual sobre a Personalidade e o crescimento pessoal.

A psicologia transpessoal teve maior repercussão e desenvolvimento nos Estados Unidos. Mas, na Europa, alguns teóricos importantes também adotaram essa abordagem e deram a sua contribuição teórica e prática.

Na Itália, Roberto Assagioli, inicialmente muito influenciado pelo pensamento de Jung, também desenvolveu uma cartografia da consciência e elaborou uma técnica de exploração do eu que chamou de "psicossíntese". Esta tem a finalidade de integrar várias técnicas psicológicas, dentro de uma abordagem que é única para cada indivíduo. A sua teoria holística inclui o inconsciente inferior de Freud, o inconsciente coletivo de Jung, o eu consciente ou ego e o Eu superior.

O modelo da Psique de Assagioli compreende:

1. Inconsciente inferior.
2. Inconsciente médio.
3. Inconsciente superior ou superconsciente.
4. Campo da consciência.
5. Eu consciente ou Eu.
6. Eu superior.
7. Inconsciente coletivo.

A psicossíntese trabalha a reconstrução consciente da personalidade com a finalidade de alcançar o Eu Superior, mas enfatiza, sobretudo, a necessidade de desenvolvimento da dimensão espiritual. O seu processo terapêutico compreende quatro fases consecutivas:

1. Conhecimento completo da própria personalidade.
2. Controle de seus vários elementos.
3. Realização do verdadeiro Eu, a descoberta e criação de um centro unificador.
4. Psicossíntese, a formação ou reconstrução da personalidade em torno desse novo centro.

Segundo Assagioli, existe uma repressão do sublime, ou do aspecto espiritual do homem, da mesma forma que existe a repressão sexual.

Na França, o principal representante da psicologia transpessoal é Jean-Yves Leloup. Doutor em teologia, filosofia e psicologia transpessoal, Leloup fundou o Colégio Internacional dos Terapeutas, CIT, cuja finalidade é cuidar do ser humano como um todo, na sua totalidade, incluindo a dimensão espiritual, considerada necessária ao pleno desenvolvimento e à saúde do homem. O CIT congrega terapeutas de diversas formações que compartilham de uma antropologia ética e prática holística que têm como enfoque central a inteireza do ser.

Para Leloup, o doente é uma pessoa que se fechou num único nível de interpretação simbólica. Os terapeutas terão de abrir, sem cessar, essa interpretação, para evitar a identificação. Ele diz que é necessário criar a Ordem dos Terapeutas, que mostraria as exigências de um enfoque multidimensional do ser humano e favoreceria uma prática menos fragmentada.

Leloup se inspirou na tradição dos Terapeutas de Alexandria que, no início da era cristã, já viviam uma filosofia holística, aplicada à saúde integral. Segundo ele, a tarefa considerada primordial para os Terapeutas era cuidar, antes de tudo, do que não é doente em nós, do Ser, do Sopro que nos habita e inspira. Alexandria foi, no passado, o ponto de encontro do Oriente com o Ocidente. Para Jean-Jacques Leloup, o tempo que vivemos pode ser metaforizado como uma nova Alexandria, onde o diálogo e a sinergia entre as múltiplas cosmovisões e culturas assume uma dimensão planetária.

Além de influenciar a psicologia na Europa, a abordagem transpessoal chegou à América Latina com grande força e aqui seus principais representantes são:

Claudio Naranjo, nascido no Chile, tem-se dedicado a estabelecer correlações entre as teorias psicoterápicas e as disciplinas espirituais. Ele associa a psicoterapia ocidental com duas técnicas de meditação, a shamata, a tranqüilização da mente, e a vipassana, manutenção da consciência atenta à experiência global do momento. Atualmente ele lidera grupos de crescimento espiritual em San Francisco. Ele escreveu um livro chamado *The One Quest* (*A busca do uno*), onde tenta integrar a psicologia profunda com as tradições místicas.

No Brasil, Pierre Weil é o principal representante da abordagem holística e da psicologia transpessoal. Ele é vice-presidente da Universidade Holística Internacional e autor de vários livros, como *A consciência cósmica*, *Cartografia da consciência humana*, *A neurose do paraíso perdido* etc.

Weil estabeleceu dois conceitos importantes, a holologia e a holopráxis. A holologia se refere ao enfoque experimental e especulativo da Holística. E a holopráxis, segundo ele, "abrange o conjunto dos métodos experienciais de vivência direta do real pelo ser humano, além de qualquer conceito".[21]

Além de Weil, outros terapeutas transpessoais brasileiros são: Roberto Crema, autor de *Introdução à visão holística, saúde e plenitude* e *Um caminho para o ser* (a Roberto Crema foi confiada a direção do Colégio Internacional de Terapeutas); Eliana Bertolucci, autora de *Psicologia do sagrado*, Doucy Douek, Marcia Tabone e outros.

Inspiradas no espírito da visão holística e transpessoal e no movimento de retorno do sagrado, outras importantes correntes de psicologia vêm-se desenvolvendo na atualidade, como a terapia iniciática, de Karlfried Graf Dürckheim, a psicologia sagrada, de Jean Houston e Robert May, e a psicologia da alma ou monádica, de Joshua David Stone.

O conceito de Dürckheim sobre o ser humano transcende a distinção entre corpo e alma. Para ele, o homem está destinado a manifestar o ser divino na sua experiência material. Com essa finalidade, ele utiliza uma série de exercícios na sua prática terapêutica para ajudar o indivíduo a cumprir o seu destino. Segundo Dürckheim, além das dimensões somática, psíquica e noética (espiritual), temos a dimensão pneumática, do pneuma, do sopro criador, da energia criadora.

A abordagem transpessoal e da psicologia sagrada ocupa, atualmente, ao lado da física, a liderança do exercício no mundo da cosmovisão que, no início do século, surgiu com a física.

A psicologia, por intermédio do processo evolutivo de suas idéias, em que cada um dos teóricos contribui com o germe para o próximo passo evolutivo, ocupa no mundo atual um papel da maior importância no que se refere à construção de uma nova concepção de homem e de seu papel espiritual no universo.

Os novos símbolos da espiritualidade, como diz Stephan Hoeller, estão surgindo da teoria psicológica: autoconhecimento, integração, autenticidade, crescimento espiritual, totalidade.[22] É por tudo isso que a psicologia é atualmente uma das mais poderosas forças transformadoras da cultura na nossa época.

Capítulo 6

A psicologia sagrada

Ao derrubar o dualismo das categorias observador-observado e sujeito-objeto e propor o processo de observação como parte da realidade objetiva, os físicos admitiram a interferência da consciência em todo o processo de conhecimento. Dessa forma, por sua inclusão na totalidade das coisas e sua relação intrínseca com a questão do tempo, tiveram de voltar-se para seu estudo.

A física abriu o caminho para a construção de uma visão de mundo unificada, em que a consciência e a realidade não estão separadas uma da outra. Como disse Albert Einstein numa entrevista ao *Washington Post* em 28 de novembro de 1972, "o ser humano é parte do todo a que chamamos 'universo', uma parte limitada no tempo e no espaço. Ele vivencia a si mesmo, seus pensamentos e seus sentimentos como algo separado do resto — uma espécie de ilusão de ótica de sua consciência. Essa ilusão é uma espécie de prisão que nos restringe a nossos desejos pessoais e ao afeto por algumas pessoas mais próximas. Nossa tarefa é nos livrarmos dessa prisão, ampliando o nosso círculo de compaixão, para que ele abranja todos os seres vivos e toda a natureza em sua beleza. Ninguém conseguirá alcançar completamente esse objetivo, mas lutar pela sua realização já é por si só parte de nossa libertação e o alicerce de nossa segurança interior".[1] Da mesma forma, afirmou David Bohm: "Nossas noções de cosmologia e da natureza geral da realidade devem ter espaço em si para permitir uma avaliação consistente da consciência. Vice-versa, nossas noções de consciência devem ter espaço em si para entender o que significa ser o seu conteúdo, a realidade como um todo".[2]

No entanto, apesar de exigir a inclusão no paradigma científico do papel da consciência dos observadores para uma imagem mais completa do universo, a física quântica não chegou a uma conclusão definitiva sobre a consciência. Como não encontraram na ciência oficial uma definição adequada aos seus estudos, os cientistas sentiram a necessidade de estudar as filosofias antigas: "Uma vez que a ciência contemporânea pouco diz a respeito da consciência, devemos nos voltar para as filosofias que têm mais a relatar. Os sábios insistiram em que a própria consciência — não a mera consciência humana, mas um campo primevo de âmbito cósmico — é a causa do Universo bem como a única Existência, após tudo o mais ter sido dissolvido".[3]

Os físicos que lideravam esse movimento de vanguarda observaram que na metafísica oriental, como em outras metafísicas, se fala de uma Consciência que existe *a priori*, tanto no espaço quanto no tempo, e que constitui, como eles denominaram, "o pano de fundo" da consciência individual. A essa Consciência além do espaço e do tempo, da mesma forma que os sábios do Oriente e do Ocidente, muitos físicos se referem como a Realidade ou a Mente que é una. O físico Erwin Schrödinger afirmou que o mundo externo e a Consciência são a mesma coisa. Sua multiplicidade (isto é, a multiplicidade das mentes individuais) é apenas aparente, pois na verdade só existe uma Mente — por trás da diversidade, o que existe é a totalidade da Mente indivisa, idêntica em todos os indivíduos.

Como muito bem mostrou Fritjof Capra, o pensamento da física moderna aproximou-se de forma impressionante do pensamento de todas as tradições no que se refere à visão dessa Realidade Una como Ser Absoluto, Silêncio, Consciência etc. As tradições descrevem como se pode alcançar a percepção interior direta dessa "Consciência eternamente completa", fundamento do mundo material. Descobrindo que o conhecimento do cosmo físico inclui e exige o conhecimento interior, os físicos reconheceram que o mundo objetivo e a experiência subjetiva constituem uma totalidade indivisa. Como disse Fritjof Capra, por caminhos diferentes e usando metodologias aparentemente opostas, os sábios metafísicos e os físicos chegaram às mesmas conclusões e se encontraram em seu objeto de estudo.

Com a física, os diversos ramos da ciência finalmente chegaram a um consenso sobre vários pontos: a unidade subjacente da natureza, a importância da consciência na construção do mundo das aparências, o cérebro como intérprete dos padrões que emergem da realidade primária, a transcendência do tempo e do espaço, o impulso de evolução e o ordenamento dos sistemas de vida em níveis evolutivos crescentes.

Percebendo a necessidade de união entre mente e matéria para o estudo da consciência, os físicos concluíram que a psicologia representa uma fonte ideal de subsídios. Hoje, existe uma área na física — chamada de física da consciência — que, refletindo a tendência contemporânea de junção de conhecimento científico e espiritualidade, une metafísica e psicologia. Como afirmaram os físicos Menas Kafatos e Thalia Kafatou, "tentar compreender a mente é de suprema importância, não apenas porque a ciência física é um produto da mente humana, mas, mais importante que isso, porque, como os sábios nos dizem, precisamos experimentar a fonte da mente, o Eu interior, se quisermos viver vidas felizes".[5]

Em *A conspiração aquariana*, Marilyn Ferguson diz: "A experiência mística ou espiritual é a imagem da ciência no espelho — uma percepção direta da unidade da natureza, o interior do mistério que a ciência tenta bravamente conhecer pelo exterior. Essa forma de entendimento antecede a ciência em milênios. Muito antes que a humanidade dispusesse de instrumentos como a lógica quântica para descrever os fatos que a razão comum não entendia, os indivíduos penetravam no domínio do paradoxo por meio de uma mudança de consciência. E lá, eles sabem que o que não pode ser, é".[6] Embora ainda existam muitos preconceitos contra os místicos e a experiência mística, cada vez mais ela é valorizada como a fonte do conhecimento direto, profundo, completo e unitário que transcende os limites do intelecto discursivo. As descobertas da ciência começam a dar sentido às experiências místicas, que sempre sugeriram a possibilidade de penetrar numa ordem de realidade que fica além do mundo das aparências.

Algumas idéias filosóficas encontradas em todas as culturas, principalmente as que dizem respeito à Consciência Una que hoje a física e a psicologia estudam e discutem, constituem a base de um profundo, completo e unitário conhecimento interior: a filosofia perene, como foi chamada por Leibniz. Segundo Aldous Huxley, "a filosofia perene preocupa-se, primeiro que tudo, com a Realidade Una, divina, substancial do mundo múltiplo das coisas, das vidas e das mentes".[7] A filosofia perene, na busca da natureza tanto da Consciência Universal quanto da consciência individual, sempre mostrou que o sujeito, o objeto e o próprio processo do conhecimento estão inter-relacionados, pois o universo, a Consciência e o ato de conhecer constituem uma totalidade.

A menção ao conhecimento perene está presente nos sistemas tradicionais de conhecimento — as religiões e os mitos — de todos os povos e nas reflexões dos grandes filósofos. Aristóteles é um dos que já se referiam às verdades fundamentais, eternas e indestrutíveis presentes em todas as religiões.

Essas idéias constituem verdades metafísicas. Geralmente expressas de forma muito simples, as experiências às quais elas se referem são vivenciadas direta e intuitivamente. Eternizadas na consciência da humanidade, essas verdades constituem o fundamento e a essência transcendental das grandes religiões estabelecidas, cujo saber é transmitido em livros sagrados — nos Vedas, nos Upanishades, no Bhagavad Gita, no Sutra Lankavatara, no livro de Tchuang-Tse — ou permanece como tradição secreta.

Todos esses textos sagrados se referem à realidade una como fundamento de todo o universo. Eles afirmam a existência de um

Real, um Absoluto, inacessível ao pensamento e à linguagem, que está em todas as coisas e também dentro delas. Esse Absoluto se revela a si mesmo por meio da multiplicidade dos fenômenos relativos, contingentes e transitórios, da mesma forma que a luz só pode revelar-se como tal quando incide em corpos opacos. Os gregos pré-socráticos falam da Unidade, que pode ser contemplada e aprendida pela comunhão entre a ciência, a arte, a filosofia e a mística. A mística cristã fala do Deus sem forma, do Uno puro e absoluto. A Cabala fala do Aïn, o Nada ou o Ponto de Cima. Os Upanishades falam da Realidade Única, chamada de Prajapati, Vixnu ou Brahma.

"Acima do tempo tudo é Brahma, Uno e Infinito. Ele está além do norte e do sul, do leste e do oeste, de cima ou de baixo. Para a unidade do Uno, vai aquele que sabe disso."

Upanishade Chandogya

"Embora seja Um, Brahma é a causa dos muitos. Não há outra causa. E, todavia, Brahma independe da lei da causalidade. Assim é Brahma, e tu és Isto. Medita nessa verdade dentro da tua consciência (...)."

Shankara, *Viveka-Chudamani*
(*A jóia suprema da sabedoria*)

"Não perguntes se o princípio está nisso ou naquilo; ele está em todos os seres. É em razão disso que lhe conferimos os epítetos de supremo, universal, total (...). Ele ordenou que todas as coisas sejam limitadas, mas Ele mesmo é ilimitado, infinito (...)."

Tchuang-Tse

"Pura em sua própria natureza e livre da categoria do finito e do infinito, a mente universal é o seio do Buda impoluto, erroneamente apreendido pelos seres sencientes."

Sutra Lankavatara

Nos sistemas tradicionais, o conhecimento do universo e da natureza não estava dissociado do autoconhecimento. O autoconhecimento pressupõe o reconhecimento da dimensão espiritual e divina presente em cada um; do contrário, é ilusório. Por intermédio de um profundo processo de interiorização, os antigos sábios das diversas tradições descobriram verdades sobre o homem e sobre a relação deste com o universo, com o divino e consigo mesmo. Voltando-se para dentro de si mesmos com a finalidade de se autoconhecer, esses estudiosos descobriram princípios que também se aplicam ao universo. Como diz a sabedoria hermética, "conhece-te a ti mesmo e conhecerás o Universo e os deuses": no estudo da realidade interior descobrem-se princípios universais. O Cristo gnóstico disse: "Aquele que conhece o todo, mas não consegue ter autoconhecimento, não tem nada".

O verdadeiro conhecimento não pode ser transmitido por meio da experiência alheia; ele brota de uma profunda intimidade com o ser, a qual, ao mesmo tempo, o transforma. Como diz Shankara no *Viveka-Chudamani*, "a natureza da realidade única deve ser conhecida por nossa própria percepção espiritual clara; não pode ser conhecida por intermédio de um *pandit* (homem sábio). Do mesmo modo, a forma da Lua só pode ser conhecida por meio dos nossos olhos. Como pode ser conhecida por meio de outros?"

Os sábios de todas as tradições, tanto orientais como ocidentais, construíram uma estrutura de conhecimento que reunia numa síntese a física, a filosofia, a psicologia e a espiritualidade. Segundo Mestre Eckhart, "o conhecedor e o conhecido são um só. As pessoas simples imaginam que devem ver Deus, como se Ele estivesse ali, e eles aqui. As coisas não são assim. Deus e eu somos um no conhecimento. (...) Quanto mais Deus está em todas as coisas, tanto mais está fora delas. Quanto mais está fora, tanto mais está dentro".

Nas antigas tradições, o conhecimento do universo está ligado ao autoconhecimento e ao desenvolvimento e expansão da consciência. Assim, conhecimento do mundo, autoconhecimento, aumento da consciência e crescimento psicológico fazem parte de um mesmo processo interligado e contínuo. Como diz o *Sepher HaZohar* (*Livro do Esplendor*), "tudo está ligado a tudo, até a ponta extrema de todos os elos da cadeia, e a verdadeira essência de Deus está em cima e embaixo, no céu e na Terra, e nada existe fora dela". No início da era cristã, os Terapeutas de Alexandria, conhecidos como os terapeutas do deserto, consideravam o homem como uma totalidade integrada: corpo, alma e espírito, "não separando o que o próprio Deus uniu".

É essa consciência da totalidade indivisa que torna o homem um ser espiritualizado, pois o liga ao universo e aos deuses e mostra que o autoconhecimento leva ao conhecimento do universo e de Deus. O conhecimento total, só obtido pela experiência direta, leva à superação do abismo que existia entre a percepção racional e a intuitiva, entre o científico e o espiritual. Como diz David Bohm, "(...) a cada estágio, a ordem apropriada de operação da mente requer uma apreensão global do que é geralmente conhecido, não apenas em termos formais, lógicos, matemáticos, mas também como intuição, em imagens, sentimentos, uso poético da linguagem etc. Este modo de pensar global não é somente uma fonte fértil de novas idéias teóricas: é necessário para que a mente humana funcione de forma harmoniosa, o que, por sua vez, pode ajudar a tornar possível uma sociedade ordenada e estável".[8]

Depois do movimento de junção do conhecimento espiritual ao científico liderado pela física, a psicologia, com Jung, passou a ver no desenvolvimento da dimensão espiritual um aspecto importante para a expansão da consciência, a sanidade e a plena realização do homem. Jung definiu a vivência da dimensão espiritual por meio da reconexão com o aspecto sagrado do *Self* como uma das prioridades do processo terapêutico. Existem muitos paralelos entre seu conceito de crescimento e evolução e o das tradições iniciáticas. Como muito bem mostrou o poeta Miguel Serrano em *C. G. Jung e Hermann Hesse*, há um sentido subjacente em tudo o que Jung escreveu. Hoje em dia está clara a sua filiação à filosofia perene, à tradição pansófica e ao conhecimento hermético, gnóstico e neoplatônico. Jung viu nos sistemas místicos das antigas tradições profundas abordagens psicológicas.

Para Jung, a orientação materialista e racionalista da vida moderna agravara a utilização unilateral da consciência e a negação do aspecto espiritual da psique e levara o homem à alienação do *Self* e de suas raízes mais profundas. Assim, via a função da psicoterapia como a reconexão com essa realidade interior divina. A finalidade espiritual e iniciática do trabalho de Jung foi prontamente compreendida, aceita e desenvolvida pela psicologia transpessoal. No campo dessa abordagem, a ação terapêutica se estende desde o nível da transformação pessoal até o nível da auto-realização espiritual.

Partindo dessa concepção, que vê a necessidade do desenvolvimento espiritual como meta imprescindível para a saúde psíquica e o desenvolvimento integral do homem, vem-se desenvolvendo nos Estados Unidos, desde meados dos anos 60, uma linha de psicologia que foi chamada de sagrada. Suas raízes, naturalmente, foram plantadas pela psicologia junguiana e cultivadas pela psicologia transpessoal.

Como as vertentes junguiana e transpessoal, a psicologia sagrada situa-se entre as abordagens holísticas que vêem na dimensão do sagrado e do espírito o aspecto mais importante da natureza humana. Seus representantes posicionam-se a favor do resgate dessa dimensão, pois acreditam que a repressão da identidade espiritual aliena o homem da sua essência mais profunda. Aceitando a concepção junguiana da psique como receptáculo do divino no humano, a psicologia sagrada compreende que a revelação do sagrado deve ser vivenciada interiormente. Com essa finalidade, propõe, por meio de elaborados exercícios, a experiência pessoal direta da dimensão sagrada. Embora Jung se tenha inspirado e aproximado teoricamente das tradições antigas, não chegou a empregar métodos e técnicas tradicionais na sua prática terapêutica, o que atualmente é feito pelos terapeutas ligados às psicologias transpessoal e sagrada.

A psicologia finalmente chegou à conclusão de que o despertar do aspecto sagrado da vida é necessário à mobilização da espiritualidade no homem. É pela vivência espiritual que se abre a possibilidade da consciência da unidade, da totalidade e da identidade mais profunda com o *Self*, ensejando uma experiência que, terapêutica em si mesma, é capaz de curar todas as faltas e feridas. Pelas orientações junguiana, transpessoal e sagrada, a psicologia atualmente assume a liderança na reunião do conhecimento da ciência ao da espiritualidade. Essas abordagens psicológicas são as representantes da tendência contemporânea de busca de síntese e totalidade. No mundo dessacralizado e desespiritualizado em que vivemos, esse objetivo é de fundamental importância para a construção de uma nova concepção do homem, de uma nova ética e de uma nova consciência humanista e espiritual.

Hoje, a psicologia adota a proposta de uma apreensão mais global da realidade e busca fazer a síntese entre as conclusões da filosofia perene, da nova física e das várias abordagens da psicologia. Fiel à concepção holística do conhecimento e do homem, que revaloriza a dimensão espiritual e a alia à científica, a psicologia está se aproximando da física quântica no que se refere à aceitação de princípios como o da complementaridade, o da totalidade, o da unidade, o do inter-relacionamento de todas as coisas e o da Consciência Una como fundamento da existência. Além disso, recorrendo às técnicas de expansão da consciência das antigas tradições do Oriente e do Ocidente, a psicologia também está descobrindo as similaridades de suas percepções e conclusões. Com o aprofundamento dessa investigação, ela oferece ao homem a possibilidade de vivenciar, por meio da experiência direta, o equilíbrio e a expansão da consciência. Todas as tradições espirituais sempre afirmaram o potencial criativo e revelador da alma. A psicologia sagrada está buscando na antiga ciência sagrada esse valioso conhecimento do homem e do universo. Por isso, os psicólogos que adotam essa abordagem vêm manifestando um grande interesse pelos sistemas místicos e filosóficos tradicionais como referenciais de experiência. Essas tradições possuem um sistema psicológico que tem origem na sua metafísica e que está ligado a um código ético que norteia a vida. Sua prática leva a uma mudança do pensamento, a uma expansão do mundo interior e exterior e, finalmente, a uma transformação total do indivíduo.

Os paradigmas das psicologias ocidentais e orientais tradicionais são capazes de abranger as principais categorias da psicologia contemporânea. A Roda da Vida tibetana, como bem lembra Daniel Goleman, descreve, de forma plástica, seis domínios da existência, cada um dos quais correspondendo a um estado psicológico distinto, enfocado e descrito por diversas abordagens psicológicas. O primeiro domínio, o da besta estúpida, representa o nível do comportamento totalmente condicionado e instintivo, enfocado pela abordagem comportamental. O segundo domínio é o do inferno, que corresponde aos estados agressivos e ansiosos, estudados principalmente por Freud e Laing. O terceiro, o domínio dos pretas ou espíritos femininos, corresponde à voracidade insaciável e às compulsões, estudadas por Maslow como motivação deficiente. O quarto é o domínio do céu, da bênção sensual e das grandes gratificações, que corresponde às realizações afetivas e criativas estudadas pela psicologia humanista. O quinto, o dos deuses ciumentos, representa o ciúme e a inveja, estudados por Melanie Klein. E o sexto domínio é o dos seres humanos, do sofrimento e da possibilidade de redenção, abordado por Jung. Goleman diz: "O que há de particularmente curioso no esquema de desenvolvimento budista é o fato de que ele não apenas amplia as construções da concepção da psicologia contemporânea acerca das possibilidades humanas, mas também oferece detalhes dos meios pelos quais pode ocorrer esta mudança (...)"[9]. O budismo é, de todas as tradições orientais, a que contém a mensagem mais psicológica.

Segundo Ken Wilber, correlata à filosofia perene, existe também uma psicologia perene — uma concepção universal da natureza da consciência humana que exprime o mesmo conhecimento da filosofia perene, mas numa linguagem mais acentuadamente psicológica. A principal noção da psicologia perene é a de que a consciência mais recôndita do homem é idêntica à realidade última e absoluta do universo, conhecida como Brahma, Tao, Dharmakaya, Allah ou

Mente.[10] A verdade central dos Upanishades é a identidade entre o Eu Universal e o eu particular, graças à qual é possível ao homem o conhecimento de Brahma, de Deus. Essa relação já havia sido apontada por Jung, por meio do conceito do *Self* como totalidade e divindade interior do homem.

O termo Mente, com "M" maiúsculo, é usado para distinguir a Mente Una da pluralidade das mentes. Segundo a tradição da psicologia perene, a Mente se refere a tudo o que existe como ilimitado e, portanto, infinito, intemporal e eterno, fora do qual nada pode existir. O mundo manifesto deve sua causa, sua ordem e suas formas à estabilidade da Mente divina. É essa Consciência Eterna ou Mente que é descrita pelos místicos e que perpetuamente cria e sustenta o mundo temporal. O termo "místicos" aqui se refere àqueles indivíduos que tiveram a vivência profunda da Unidade – ou "viveram do coração ardente de Deus" – e alcançaram com essa experiência uma compreensão ampliada da vida e do universo.

Todos os sábios das mais diferentes tradições afirmaram que a consciência é una e que o dualismo que divide o mundo em sujeito e objeto é apenas aparente e ilusório: "A psicologia perene não considera o dualismo propriamente irreal, mas ilusório (...). A divisão do mundo entre sujeito que vê e objeto visto só o divide em termos aparentes, pois o mundo nunca se distingue de si mesmo. O dualismo é, pois, ilusão; parece existir, mas é desprovido de realidade".[11] Essa concepção da psicologia perene é hoje plenamente aceita pelos físicos em seu estudo da consciência e pelos psicólogos transpessoais e sagrados.

O dualismo é descrito na psicologia perene e na mitologia como a separação entre o Céu e a Terra, o Masculino e o Feminino, o Sol e a Lua. Na tradição bíblica, ele corresponde à queda, à expulsão do paraíso. Na experiência humana, a formação da consciência da individualidade envolve o processo de discriminação entre o eu e o outro, entre o sujeito e o objeto, mas esse processo obscurece a noção da unidade e cria a dualidade, pois a percepção humana se baseia em pares de opostos.

Esse primeiro dualismo, no entanto, cria o espaço, como lembra Ken Wilber. Por meio de um processo crescente de separação, o indivíduo passa a identificar-se exclusivamente com o seu organismo, com o seu corpo, e surge a questão da vida e da morte, da temporalidade. É criado o tempo e o homem se separa da intemporalidade, da eternidade, da Mente Eterna, e se transforma num ser finito, um ser do tempo e do espaço.

E o ser do tempo e do espaço se transforma num ser histórico que se vê apartado da Consciência Una. Como disse Mestre Eckhart, "o tempo é o que impede a luz de alcançar-nos. Não há maior obstáculo para se chegar a Deus do que o tempo. E não somente o tempo, mas também as temporalidades, e não somente as coisas temporais, mas também as afeições temporais; não somente as afeições temporais, mas também a nódoa e o cheiro próprios do tempo".

Com a separação do *Self*, cria-se a consciência de uma personalidade individualizada e separada que procura se auto-afirmar a todo instante, por meio da satisfação de seus desejos, instintos e caprichos: o ego. A dualidade é angustiante porque faz o ego oscilar sempre entre alternativas opostas e contraditórias. O ego é ilusório, pois se acredita o verdadeiro Eu. Segundo o Bhagavad Gita, "o ego é o pior inimigo do Eu, embora o Eu seja o melhor amigo do ego".

Sendo o ego o ser do tempo e do espaço, ele é um ser para a finitude, para a limitação, para a morte. O ego teme a morte e, para fugir dela, cria para si uma imagem cada vez mais idealizada, construída de símbolos fixos e estáveis. Freud já havia dito que o ego humano tem uma estrutura muito peculiar, resultante da sua incapacidade de aceitar a realidade, particularmente a realidade da morte. A característica do ego é separar a imagem mental idealizada do corpo físico mortal.

Seguindo seu curso, o processo sempre crescente de idealização do ego vai gerando mais dualismos e oposições e, assim, como mostrou Jung, cria a *persona*, a parte aceitável do ego, e a sombra, sua parte repudiada, inaceitável. Por sucessivos dualismos, o homem se torna um ser cada vez mais dividido e afastado de Deus. Segundo o sábio persa Djalal al-Din Rumi:

O passado e o futuro escondem Deus da nossa vista;
Queima-os a ambos com o fogo. Por quanto tempo
Serás dividido por esses segmentos, qual um caniço?
Enquanto o caniço for dividido, não receberá segredos,
Nem será sonoro em respostas aos lábios e à respiração.

Superar o dualismo é superar a angústia dos opostos, da divisão e da morte. No plano da Consciência Una, não existe dualidade, pois as polaridades estão unificadas, nem temporalidade, pois a eternidade é o real absoluto. Mas esse plano só pode ser alcançado por intermédio da sabedoria e da compreensão características do *Self*. O mundo da dualidade é o plano do ego e o mundo da Consciência Una é o plano do *Self*, do espiritual, da realidade universal supraconsciente. O homem só encontra o *Self* quando deixa de identificar-se com o próprio ego, quando deixa de atacar o mundo exterior e de sentir-se atacado, quando substitui a hostilidade pela divina compaixão e pelo sentimento de unidade com todas as coisas.

A psicologia sagrada, o mais novo paradigma da psicologia, tem como principal proposta a cura da divisão pela Consciência Una. Ela vai além do conceito de individuação de Jung quando busca a vivência da totalidade não só na união dos opostos, mas na própria eliminação do conceito de opostos, que é ilusório, pois é característico do ego. Para Jung, o jogo dos opostos era o promotor da energia que levava ao desenvolvimento.

Por meio de exercícios estruturados, a psicologia sagrada propicia a oportunidade de vivência da totalidade e, finalmente, a superação da divisão. Assim, o indivíduo pode alcançar graus cada vez mais altos de desenvolvimento psíquico e de expansão da consciência, atingindo um senso de responsabilidade maior com o próprio processo evolutivo. A psicologia sagrada também se inspira na psicologia perene presente nas diversas tradições, pois acredita que ela pode fornecer uma prática para a cura dessa divisão. O objetivo do zen-budismo ou do vedanta é curar a dualidade, a dissociação dentro da psique entre indivíduo e meio ambiente, entre ego e *Self*, pela vivência da identidade existente entre todas as coisas, a qual abarca todo o cosmo. Como diz o poeta chinês Sem T'sem, "quando as dez mil coisas são vistas em sua unicidade, voltamos à Origem e permanecemos onde sempre estivemos".

A superação da dualidade não significa a destruição do ego nem da individualidade, mas a integração a um centro maior pela identificação com o *Self*. De acordo com os livros sagrados, o ego deve ser, não eliminado, mas colocado na retaguarda da vida e integrado ao *Self*. Ao reconhecer sua ligação e identidade com o *Self* — isto é, a profundidade da essência de sua própria individualidade, que está além dos limites do próprio ser individual —, o ego perde a angústia de aniquilamento e as necessidades de auto-afirmação e adquire a auto-estima. Segundo o sábio Huang Po, "a mente não é outro senão o Buda, e o Buda não é outro senão o ser senciente. Quando a mente assume a forma de um ser senciente, não sofre diminuição alguma; quando se torna um Buda, nada acrescenta a si mesma". Quando o homem se abrir à plenitude de sua própria divindade interior, ele compreenderá que o Deus interior é o mesmo Deus exterior.

Mas esse é um processo muitas vezes difícil porque, por excesso de identificação da consciência individual com o ego, existe o temor da destruição na identificação com o *Self*. Jung disse que "a experiência do *Self* sempre se constitui numa derrota para o ego". Por isso, a interiorização pode ser sentida como uma grande ameaça de aniquilação. Assim, a consciência prefere manter o estado de separação, mesmo que tenha de pagar por ele com a angústia. Estando dividida, não pode gozar nem deste mundo nem do outro, e renuncia ao estado de paz e tranqüilidade interior. A esse respeito, o Bhagavad Gita comenta: "Procure o homem elevar o eu por meio do Eu, e não permita que se afunde, porque, em verdade, o Eu é amigo do eu e, da mesma forma, é seu inimigo".

A superação da angústia do dualismo pelo reconhecimento de que fazemos parte de uma realidade maior, isto é, pela identificação com o *Self*, destrói os fundamentos dos comportamentos neuróticos do ego. Isso porque, como afirma Ken Wilber, a pessoa que já não se identifica exclusivamente com o sentimento do ego separado — e, portanto, já não está ligada apenas a problemas puramente pessoais — pode, de certo modo, começar a superar seus medos e ansiedades, depressões e obsessões, começando a vê-los com imparcialidade.[12]

A condição humana, no entanto, possibilita ao homem participar dos dois planos: como corpo e como ego, o homem pertence ao tempo, à Terra; como espírito, ele pertence ao céu, ao intemporal. É a psique que faz a ponte entre a temporalidade corpóreo-egóica e a intemporalidade do espírito e, por meio deste, conduz ao Fundamento, à Mente Divina. Mas ela não pode permanecer eternamente identificada com o espírito, na intemporalidade. A psique passa do tempo para a eternidade quando se identifica com o espírito e da eternidade para o tempo quando se identifica com o ego. Num determinado momento, o homem pode ser eterno; em outro, estar inserido numa dimensão temporal.

Tanto o Oriente quanto o Ocidente possuem, na tradição da psicologia perene, importantes técnicas de exploração e desenvolvimento da consciência que têm como meta curar a dualidade para alcançar a Unidade. Tradições orientais milenares como o vedanta, a yoga, o budismo e o taoísmo possuem uma extensa gama de exercícios respiratórios preparatórios para exercícios espirituais. São técnicas mobilizadoras do contato com a experiência da totalidade e de reconexão com a realidade do *Self* que abrem caminho para a cura da dualidade. Por sua vez, as tradições ocidentais — como o gnosticismo, a cabala e a alquimia — possuem refinadas técnicas e práticas de desenvolvimento e ampliação da consciência que levam à superação do dualismo e, portanto, à cura da ferida da separação.

Essas tradições não separavam o desenvolvimento psicológico do espiritual, pois os viam como parte do mesmo processo. Como buscavam principalmente a ampliação e a transformação da consciência, desenvolveram instrumentos refinados e sutis de aumento da percepção consciente que envolvem a autoconscientização e a percepção da realidade unitária do cosmo. A psicologia sagrada encontrou na cabala, na alquimia e nos mitos valiosas fontes de conhecimento e de práticas que levam o homem a restabelecer a ligação com seu processo evolutivo psicológico, desde a superação da consciência dual, fundada na construção dos opostos, até o desenvolvimento da consciência unitária, que traz o sentimento espiritual de pertencer à totalidade. Seguindo esse caminho, a psicologia sagrada incorpora aos atuais paradigmas o conhecimento psicológico antigo do Oriente e do Ocidente para a promoção do desenvolvimento e ampliação da consciência humana e, assim, propiciar experiências de encontro com a realidade mais profunda da psique e com os estados superiores da consciência, superando os dualismos ilusórios e possibilitando a vivência dos estados de unificação e de totalidade. Para Stanislav Grof, "a espiritualidade tem sido reintroduzida na corrente cultural dominante por meio do interesse renovado por sistemas sagrados como aqueles encontrados nas religiões orientais, na literatura mística ocidental e nas tradições dos nativos americanos".[13]

A psicologia sagrada pode ser considerada uma das mais atuais dentre as abordagens da psicologia voltadas essencialmente para a resolução da dissociação entre o ego e o *Self* e para o redespertar da conexão com o aspecto espiritual e sagrado da unidade da vida. Ao lado das psicologias junguiana e transpessoal, a psicologia sagrada contribui para a construção de uma nova concepção do homem, na qual sobressai o lado espiritual e a proposta de um novo humanismo. Ela procura criar pontes que liguem a vida profana à vida sagrada pelo restabelecimento da conexão entre o ego e o *Self*. A meta é levar o ego a superar sua necessidade neurótica de gratificação e a colocar-se a serviço do *Self*. Para essa abordagem, a plena realização de um indivíduo vem da expressão de sua experiência de união com Deus na vida cotidiana: "a psicologia sagrada pressupõe que o anseio inerente a cada alma humana é de vivenciar a união com esta realidade suprema".[14]

Em toda alma existe um anseio por essa experiência direta que confere significado à vida. Deslocando o processo de identificação do ego para o *Self*, a psicologia sagrada promove a vivência de experiências diretas com este, por meio das quais o paciente pode reconhecer a realidade divina dentro de si mesmo. Assim, a psicologia sagrada possui tanto a base teórica quanto a técnica e o método para atender a duas necessidades fundamentais do homem contemporâneo: a cura da ferida da separação e a religação com o aspecto sagrado da vida.

Para Jean Houston, principal representante da abordagem nos Estados Unidos, o terreno do sagrado se define por experiências que proporcionam ou possuem as seguintes características:

1. Indescritibilidade, pois a experiência — que se distingue totalmente do cotidiano e do ordinário — não pode ser verbalmente descrita com facilidade.
2. Introvisão — aumento instantâneo da compreensão sobre um determinado assunto — profunda.
3. Alteração da percepção do espaço e do tempo.
4. Sentimento de totalidade: percepção da unidade, interligação e sentido de todas as coisas.
5. Sentimento de amor por si mesmo, pelo outro, pela vida.
6. Sentimento interior de paz e harmonia.

Essa abordagem caracteriza-se principalmente pela proposta de vivência interior e direta do sagrado por meio dos elaborados exercícios que constituem o seu instrumental. Segundo Houston, "a psicologia sagrada é uma prática e um modo de perceber e de vivenciar a realidade que somente pode ser internalizada *(sic)* por meio da experiência"[15]. O referencial teórico, isto é, a concepção de homem e de mundo da psicologia sagrada, desenvolveu-se a partir da psicologia junguiana — pois admite a existência do inconsciente coletivo e de seus arquétipos, privilegia o trabalho nessa dimensão mítica da consciência, concebe o impulso espiritual humano como uma expressão da psique e afirma que a plena realização do indivíduo está no encontro com a Fonte do Ser — e também da psicologia transpessoal — pois concentra sua interferência em vários níveis de consciência que vão do pessoal ao transpessoal. Além disso, fundamenta e amplia os seus conceitos sobre a consciência e sua expansão com base no conhecimento das antigas tradições sagradas. Dessa forma, aceita e compartilha plenamente a concepção espiritual de homem presente nessas tradições.

Por meio do intercâmbio criativo entre a consciência individual e o *Self*, a psicologia sagrada procura despertar na psique os potenciais ilimitados deste, ajudando o indivíduo a identificar-se com essa fonte interior e a superar a sua noção de limite e de limitações. Para isso estruturou um método de desenvolvimento da consciência que permite à psique libertar-se das restrições que a tolhem em sua plena realização criativa por meio do contato com a realidade do *Self*, do inconsciente coletivo e do inconsciente cósmico. O que essa abordagem propõe é um segundo nascimento, o nascimento do homem criativo e espiritual, o despertar do potencial contido no *Self* e no inconsciente coletivo e a superação das resistências, medos e defesas do ego. A resistência do ego ao encontro com o *Self* provém do medo de perder a identidade e de ser açambarcado por uma realidade maior. Perder esse medo corresponde à visão de um novo mundo — a um segundo nascimento. A psicologia sagrada inclui nas suas práticas terapêuticas a ritualização do segundo nascimento, pois acredita que é essa nova visão que realmente liberta o homem para uma vida mais plena, criativa e feliz.

Baseada em uma experiência mística espontânea na infância, em sua prática de meditação e no estudo dos sistemas místicos, Jean Houston dedicou-se à pesquisa daquilo que chamou de "conexão cósmica". Nesse processo, ela explorou o conhecimento das tradições religiosas e tornou-se uma especialista no assunto. Além de psicóloga, Houston é filósofa e historiadora das religiões. Fundou a Escola de Mistérios, uma instituição dedicada ao ensino da história, filosofia, psicologia, nova física, antropologia, mitologia e outras dimensões do potencial humano. Além da atividade didática, a Escola de Mistérios dedica-se à pesquisa espiritual e à prática da psicologia sagrada por meio de *workshops* baseados nos princípios das antigas tradições de mistérios.

Houston trabalhou com Joseph Campbell e Margareth Mead e, a partir dessa experiência, delineou um método prático de trabalho com os mitos, ao qual chamou "jornada de transformação". Inspirada em Campbell e em Jung, Houston acredita que, encerrados nos grandes mitos de todas as civilizações, encontram-se os padrões da realidade humana e espiritual. Portanto, por meio da vivência dos mitos, aprendemos a viver mais plenamente a nossa própria história. Como disse Campbell, "os dois mundos, o divino e o humano (...), são na realidade um. O reino dos deuses é uma dimensão esquecida do mundo que conhecemos".[1] O reino mítico transcende tempo, espaço e realidade cotidiana e concentra nos seus arquétipos o potencial de transformação e desenvolvimento do homem. Os mitos são o patrimônio sagrado da humanidade, a via de comunicação e de união entre o homem e a realidade maior do universo — ou, como diz Campbell, a ponte entre a consciência individual e o *"mysterium tremendum"* e *"fascinans"* do universo. A mitologia é a linguagem por meio da qual a alma se expressa em todos os tempos e lugares.

O mito sempre testemunha a existência de uma realidade superior, transcendente, que é apreendida pela sensibilidade intuitiva. Quando o homem se aliena dessa dimensão, sente-se só e vê a vida como absurda, destituída de significado, de fé, de esperança e de alegria. É por meio da vivência com os mitos que é possível o acesso ao mundo divino, devolvendo à vida a coerência, o significado e a finalidade.

Todo mito traz codificada em sua estrutura narrativa uma descrição das etapas e dificuldades do processo evolutivo da alma, o que o torna a proposição de um caminho simbólico de transformação. Sendo o mito o testemunho e a tradução de uma realidade superior, ele sempre conduz ao mundo divino, à totalidade de onde o homem se originou. Quando ativamos os seus símbolos, fazemos ressurgir a energia dos arquétipos. Sendo o mito a morada dos arquétipos, penetrar em seu território é experimentar a força de coesão arquetípica que pode ligar o espírito à natureza, a mente ao corpo e o eu ao universo.

Viver o mito, seus arquétipos e símbolos é uma das propostas básicas da psicologia sagrada, na tentativa de promover a mudança e a ampliação do nível de consciência e a cura da dissociação entre o mundo humano e o mundo divino. No livro *O herói e a deusa*, Jean Houston vê a *Odisséia* de Homero como um mito que trata da necessidade de equilíbrio entre a experiência interior e a exterior e entre as polaridades masculina e feminina. Ela propõe a vivência da "odisséia" como uma jornada de transformação, pela identificação com o protagonista mítico, herói ou heroína: "Essa jornada convida a uma nova e mais profunda realidade, a entrar no tempo em que se poderá transformar parte vital de nossa vida".[17] Segundo Houston, heróis e heroínas têm dois trabalhos importantes a realizar: o primeiro é afastar-se da vida diária e abrir-se para a vida criativa, único acesso à Fonte; o segundo é retornar ao cotidiano com o conhecimento adquirido nas profundezas e colocá-lo a serviço da redenção do tempo e da sociedade. Em *A paixão de Ísis e Osíris*, Houston propõe a tarefa sagrada de encontrar a divindade interior com a ajuda da luz que reside em todas as coisas, como fizeram Ísis e Osíris. Ela diz que na vivência desse mito egípcio — com seus temas de amor e perda, morte e renascimento, vingança e reconciliação — encontramos a nós mesmos, ao nosso eu divino perdido. Sendo uma experiência tanto coletiva quanto individual, o mito amplia a consciência do significado e da finalidade da vida.

Além da vivência dos mitos e seus arquétipos, a psicologia sagrada propõe a exploração do potencial transformador de certos símbolos, ligados a processos iniciáticos, presentes em muitas tradições. Os símbolos possuem um sentido manifesto, sensível e visível, que pode ser apreendido facilmente, e outro, oculto, que remete a uma realidade maior, transcendente e espiritual, o qual, quando adequadamente experienciado e decifrado, enriquece a consciência. Por isso, os símbolos sempre revelam a essência e o fundamento da vida espiritual, mesmo quando são degradados ou mutilados na sua forma exterior, pois uma das suas funções é justamente manter a dimensão numinosa.

Tendo descoberto o valor terapêutico dos símbolos na sua experiência pessoal e na sua prática clínica, Jung desenvolveu uma técnica para favorecer seu despertar e vivência que chamou de "imaginação ativa". A psicologia sagrada realiza o trabalho com símbolos, em grupo e individualmente, por meio de visualizações, de mentalizações e da imaginação ativa dirigida. A vivência de símbolos sagrados tem grande valor terapêutico transformador e constitui, em si mesma, uma simboloterapia que devolve ao homem o contato com a vida espiritual, a harmonia, a integridade e o poder criativo.

Perseguindo o objetivo primordial de restabelecer a conexão do domínio pessoal com os níveis simbólicos arquetípicos e unificadores do ser, a psicologia sagrada realiza simbolicamente rituais de iniciação e de passagem originários das antigas tradições. Essa abordagem — que vê a iniciação como o aprofundamento de si mesmo, a entrada no mundo obscuro e desconhecido da psique, o caminhar para a ponte que liga o mundo humano da multiplicidade e da manifestação ao mundo da totalidade arquetípica não-manifesta, ao mundo dos deuses, ao *Self* — propõe que o homem se torne um iniciado. O processo iniciático da psicologia sagrada é um caminhar em direção ao centro psíquico e espiritual, onde é possível a identificação com a Consciência Una, numa experiência de ligação com o universo e de participação na totalidade. Nessas vivências, o indivíduo descobre que a Consciência não está nem dentro nem fora, pois a sua consciência individual é parte da totalidade do universo e da Consciência Una.

Na cabala e na yoga, que são antigas psicologias sagradas, a moderna psicologia sagrada também encontra fontes de conhecimento e técnicas que têm por finalidade promover o desenvolvimento do aspecto transcendente da vida e a união com o imanente. Por meio de exercícios com a Árvore Sefirótica e os dez *Sephiroth* — que representam os atributos do divino ou princípios criativos encontrados no corpo do homem —, é possível adquirir a consciência do sagrado presente no corpo do homem, ponto de encontro entre o material e o espiritual. E, por meio da vivência dos *chakras*, é possível despertar a energia material e espiritual dos vários níveis de consciência em sua hierarquização, do mais instintivo ao mais transcendente. A recitação de mantras e cânticos em sânscrito, egípcio e hebraico também faz parte da prática da psicologia sagrada. Essas línguas, como também o tibetano e o chinês, são consideradas sagradas porque estão mais próximas da fonte original, não foram submetidas a grandes variações profanas e podem promover a ligação do ego com a dimensão sagrada do *Self*.

Jean Houston traçou um mapa da experiência humana em três níveis:

1. O domínio do histórico e do factual: este sou eu.
2. O domínio do mítico e do simbólico: nós somos.
3. O domínio do nível unificador ou da origem do ser: eu sou.

O primeiro nível refere-se à identidade pessoal, ao ego, à *persona* e à sombra: é o domínio da realidade concreta, da vida cotidiana, do profano, do objetivo, do definível e do mensurável. A psicologia sagrada propõe alguns exercícios para explorá-lo, a fim de mostrar a possibilidade de estender o nível da consciência e da identidade a um nível mais amplo do ser, além do ego. O trabalho neste corresponde a uma iniciação à vivência do nível seguinte, permitindo ao ego explorar aspectos imaturos: os medos, bloqueios, fixações infantis, necessidades de controle e falsas imagens que impedem a expansão, a realização e a transcendência da consciência. Quanto mais inconsciente for o indivíduo a respeito de si mesmo, mais este nível — que freqüentemente se manifesta mesclado aos demais nas vivências — se impõe. Portanto, é fundamental que ele seja explorado e trabalhado para permitir o acesso mais fácil ao nível seguinte da consciência.

É necessário que o indivíduo se confronte com as auto-imagens idealizadas, as atitudes destrutivas e os sentimentos de baixa autoestima, de inferioridade, de culpa etc. A tendência mais freqüente nele é a negação e a rejeição dessas partes de si mesmo. Como o confronto com essas partes sombrias é muito difícil, muitas pessoas recorrem a práticas espirituais como a meditação e a yoga com o intuito de evitá-lo. Porém, tendo em vista que o caminho espiritual passa necessariamente pelo psicológico, não se pode tomar um atalho — a menos que se pague o preço da alienação, da dissociação e da falta de verdade. O trabalho neste nível exige lealdade para com o processo, coragem para o confronto com as partes menos aceitáveis do eu e disponibilidade para deixar cair as máscaras e as defesas, a fim de possibilitar a experiência da vulnerabilidade. Este nível — geralmente o que é explorado pela maior parte das psicoterapias — é considerado pela psicologia sagrada o primeiro estágio, que não pode ser evitado e deve ser superado. O encontro com o *Self* pode ser inviabilizado se o indivíduo não viver todos os seus sentimentos. Se não aceitar os aspectos negativos e destrutivos de si mesmo, não poderá transformá-los.

O nível do "nós somos" (inconsciente coletivo junguiano) é a morada dos símbolos, dos arquétipos e dos mitos, que Houston define como o lugar onde têm origem as formas e as criações. É o domínio dos mitos de criação e de suas energias de origem. Ele é eterno, não-histórico, e representa o ponto de contato com o espaço e o tempo do sagrado: "Aqui os grandes princípios criativos, a postos nas encruzilhadas das realidades, anseiam, esperando entrar no tempo. Sem este domínio do Nós Somos, ao qual a psicologia sagrada dá acesso, não teríamos nem poesia, nem música, nem arte, nem ciência, nem arquitetura, nem agricultura, e nem a maioria das coisas".[1] Neste nível se dá o contato com as fontes interiores da criatividade, com a inexaurível fonte de inspiração dos símbolos e dos arquétipos. Ele abriga as imagens primordiais arquetípicas, as primeiras manifestações do *Self* como Eu espiritual, e corresponde, portanto, ao inconsciente coletivo de Jung.

Para Jung, experiência mística é a experiência com os arquétipos e místico é aquele que tem a vivência intensa dos processos do inconsciente coletivo. Graças a seus símbolos, o inconsciente coletivo é o lugar onde se abre a possibilidade de reconexão com a realidade maior do *Self*. O contato freqüente com essa primeira dimensão do sagrado representada pelo segundo nível ajuda a curar as feridas do primeiro. Quando usada paralelamente a um trabalho de autoconfrontação, a vivência de símbolos sagrados é um meio adequado de ampliação da consciência. Neste segundo nível, o indivíduo ainda não realizou a identificação com o *Self*, mas a sua identidade não está inteiramente confinada aos limites do ego. É, portanto, a porta de entrada para níveis cada vez mais sutis e profundos de consciência, de unidade e identidade com o *Self*. Como descreveu Mestre Eckhart: "Dentro de todos nós está a outra pessoa, o homem interior, a que a escritura chama o novo homem, o homem celestial, a pessoa jovem, o amigo, o aristocrata".

O nível do "eu sou" é o domínio do próprio ser de Deus como a unidade do Ser. Neste terceiro nível, a ação se processa a partir do centro mais íntimo, o *Self*. As motivações egóicas perdem toda a finalidade porque neste estágio se atinge a identidade com o *Self*, o encontro com a realidade espiritual interior mais profunda. Aqui se experimentam sentimentos de felicidade, satisfação, plenitude, segurança, integração e poder, que nascem de uma fonte interior profunda e dissociada do ego. Segundo Mestre Eckhart, "o homem interior que tenho em mim não aprecia as coisas como criatura, senão como dádiva de Deus. Mas para o homem que tenho bem no fundo de mim mesmo, elas não têm o sabor da dádiva de Deus, senão do sempre e do para sempre". O encontro com o centro divino traz a consciência de que somos a expressão de tudo que existe, da Consciência Una. É esse encontro com Deus no interior de si mesmo que leva o homem à superação da angústia da dualidade. A dualidade é uma característica do ego; portanto, a não-dualidade só pode ser encontrada na identidade com o *Self*. Quando a vivência do terceiro nível é real, não há necessidade de fugir da realidade nem de buscar a espiritualidade fora: ela é vivida a partir de dentro. Apesar de não ser o mesmo que a vida prática, a vida espiritual não entra em contradição com ela. Renunciar à vida por incapacidade ou por medo não é estar espiritualizado.

Jean Houston também traçou uma cartografia da psique, na qual destaca quatro níveis: sensorial, evocativo-analítico, simbólico e integral. Ela propõe uma série de exercícios que exploram num *crescendo* a ampliação e o aprofundamento graduais da consciência de cada um desses níveis.

No nível sensorial, o da unidade da experiência corporal e psíquica, enfatiza-se a percepção concentrada com a finalidade de curar a divisão e de promover a integração entre a psique e o soma. A percepção das fontes de prazer existentes nos sentidos traz a reconciliação com a vida e a alegria de viver. Desvinculado de sentimentos negativos, o aumento da percepção sensorial pode ganhar um novo significado: a ponte entre o mundo profano e o mundo sagrado.

O nível das vivências evocativo-analíticas permite a entrada no espaço psicológico interior. Ele é o lugar das memórias pessoais e coletivas e das imagens analíticas, os pensamentos-imagens. Neste nível se pode trabalhar com a criança interior, desde as vivências da infância até a vivência da criança como a sabedoria interna, como a fonte de inúmeras possibilidades do ser. Ele permite a superação dos sentimentos de limitação e inferioridade com os quais o ego se identifica — mas antes é preciso esvaziar a casa de sentimentos negativos e lembranças dolorosas e traumáticas, que impedem o contato com o *Self*. Muitos místicos já haviam percebido essa necessidade. Para São João da Cruz, "esse esvaziar da lembrança, conquanto suas vantagens não sejam tão grandes quanto as do estado de união, mas simplesmente porque liberta as almas de muita mágoa, de muita dor e de muita tristeza, além de imperfeições e pecados, é, na realidade, um grande bem".

O nível simbólico é o espaço do simbolismo mitopoético, em que a vida adquire um significado mítico e espiritual. As imagens aqui são arquetípicas e estão ligadas a sentimentos profundos de vinculação ao processo evolutivo humano. Surgem muitos símbolos próprios dos processos de caráter iniciático. Este nível é a fonte da gnose e da manifestação criativa, onde o eu se sente participante da realidade arquetípica.

E, finalmente, no nível integral, o indivíduo pode vivenciar uma espécie de descida subjetiva rumo ao encontro do *Self* como Essência, Fundamento do Ser ou Deus. Atingir este nível é a meta última da psicologia sagrada: a chegada ao lugar onde se dá a reconexão com o *Self* e a experiência da totalidade, da consciência unificada.

No livro *Médicos da alma*, Robert M. May, terapeuta ligado ao desenvolvimento da psicologia sagrada, propõe um modelo piramidal de ascensão às alturas, a partir do nível que ele denomina de "consciência do ego" até o *Self* Espiritual, passando pelo inconsciente pessoal e pelo inconsciente coletivo. Ele utiliza como modelo uma pirâmide de quatro níveis, cada um dos quais ligado a uma forma de ação: a consciência do ego age em conformidade com as regras sociais, o inconsciente pessoal age pela emoção, o inconsciente coletivo age de acordo com a justiça e o *Self* espiritual age de acordo com a fé. May associa o campo da consciência do ego à psicologia adleriana, o campo do inconsciente pessoal à freudiana, o campo do inconsciente coletivo à junguiana e o campo do *Self* Espiritual às antigas psicologias sagradas e à moderna psicologia sagrada.

Robert May, que estudou com mestres de muitas das grandes tradições, entre as quais o taoísmo, o budismo, a yoga, o sufismo e a cabala, baseou-se nas psicologias sagradas nelas implícitas para escrever *Médicos da alma*. No livro *A consciência cósmica*, mostra como a moderna psicologia sagrada está ligada a essa antiga tradição: ele diz que os quatro níveis do ser descritos pela cabala — Atziluth, o reino divino; Beriah, o reino arquetípico; Yetsirah, o reino psicológico; e Assiyah, o reino físico — são a base dos quatro níveis da consciência descritos por ele mesmo e por Jean Houston e que cada um dos sete *chakras* ou centros psíquicos descritos pela yoga está associado a um tipo de consciência ou psicologia. O *chakra* da raiz, conectado aos instintos de sobrevivência mais básicos e aos sentimentos de prazer e de dor, é o campo do comportamentalismo. O *chakra* genital está relacionado aos impulsos sexuais, campo da psicologia freudiana. O *chakra* do plexo solar, que diz respeito à relação de poder-submissão e aos sentimentos de superioridade- inferioridade, é o campo da psicologia de Adler. O *chakra* do coração relaciona-se com as emoções e com o amor e é o campo de muitas tradições espirituais e da psicologia humanista. O *chakra* da garganta, fonte da criatividade e de sua manifestação, está relacionado com a psicologia junguiana. O *chakra* frontal ou do terceiro olho, responsável pelo conhecimento intuitivo e pelas percepções mais profundas, é o campo da psicologia transpessoal. E o sétimo *chakra*, o da coroa, relacionado com as experiências da consciência cósmica, é a meta das psicologias sagradas antigas e atuais.

A prática da psicologia sagrada fornece uma via de contato com as imagens arquetípicas e os símbolos sagrados. Ao mesmo tempo, permitindo que estes penetrem no mundo moderno e, com sua energia, renovem a vida cotidiana, confere maior significado à vida pessoal. A função da psicologia sagrada é promover oportunidades de vivência de níveis muito profundos do inconsciente, que podem ser chamados de sagrados, com a finalidade principal de religação com o *Self*. O termo "inconsciente sagrado", cunhado pelo filósofo e historiador das religiões Huston Smith, designa a essência da consciência humana e a base da verdadeira individualidade, correspondendo ao nível integral, segundo a terminologia de Jean Houston. No livro *Forgotten Truth: The Primordial Tradition*, Smith afirma que, quando as portas da percepção são limpas e purificadas, o ser, em contato com o seu inconsciente mais profundo ou sagrado, torna-se iluminado. Essas portas, que constituem as diversas camadas ou níveis do inconsciente, dão acesso à totalidade ou essência sagrada e correspondem à abertura para o infinito. À medida que nos aprofundamos no inconsciente coletivo, ganhamos maior possibilidade de acesso ao inconsciente sagrado e, assim, nos tornamos pessoas mais plenamente realizadas e completas.

Embora trabalhe principalmente com a vivência de mitos e símbolos arquetípicos, a reatualização de rituais iniciáticos alquímicos e cabalísticos e a recitação de mantras, a psicologia sagrada permite a cada terapeuta dar a sua contribuição pessoal. Essas experiências interiores profundas são capazes, em si mesmas, de ampliar a autopercepção, de curar as dissociações e de devolver a consciência sagrada da unidade e da participação na totalidade. Por meio delas, a psicologia sagrada procura levar o indivíduo a entrar em sintonia com o domínio mais amplo do sagrado para o reconhecimento de sua origem divina e a cura da divisão. Levando o indivíduo ao domínio do mistério, do *sacrum*, do oculto, ao lugar que transcende a zona empírica dos sentidos e o mundo analítico, permite-lhe encontrar aí os símbolos — os instrumentos sagrados que lavram a terra psíquica, onde poderão ser lançadas as sementes da cura e do novo ser.

A semente de Deus está em todos nós. Sendo-lhe dado um lavrador inteligente e esforçado, ela medrará e crescerá para tornar-se Deus, de quem é semente; e, conseqüentemente, seus frutos serão a sua natureza divina. As sementes de peras crescem e se transformam em pereiras, as sementes de nozes em nogueiras e a semente de Deus em Deus.
Mestre Eckhart

No Brasil, o trabalho com a psicologia sagrada é divulgado e desenvolvido pela autora por meio de cursos, *workshops* e terapia sagrada em grupo, onde procura reunir sua experiência na prática como psicoterapeuta junguiana de orientação transpessoal ao conhecimento da história das religiões e dos mitos.

Maiores informações pelos telefones: 0XX (11) 822-1737 e 853-1435.

Notas
bibliográficas

Capítulo 1 – A dessacralização do mundo
1. GUSDORF, G. *Les Origines des Sciences Humaines*. Paris: Gallimard, 1967, p. 54.
2. MINOIS, G. *L'Église et la Science: Histoire d'un Malentendu*. Paris: Fayard, 1990, p. 323.
3. WOORTMANN, Klaas. *Religião e ciência no renascimento*. Brasília: Editora UnB, 1997, p. 85.
4. *Idem, Ibid.*, p. 59.
5. HOELLER, Stephan. *Jung e os evangelhos perdidos*. São Paulo: Editora Cultrix, 1993, p. 58.
6. WOORTMANN, Klaas. *Op. cit.*, p. 119.
7. HOELLER, Stephan. *Op. cit.*, p. 58.
8. SHELDRAKE, Rupert. *O renascimento da natureza – O reflorescimento da ciência e de Deus*. São Paulo: Editora Cultrix, 1993, p. 39.
9. DESCARTES, René. *The Philosophical Writings of Decartes*. Cambridge: Cambridge University Press, 1985, p. 127.
10. CAPRA, Fritjof. *O ponto de mutação*. São Paulo: Círculo do Livro, 1987, p. 61.
11. SHELDRAKE, Rupert. *Op. cit.*, p. 16.
12. EMERSON, R. W. *Selected Essays*. Harmondsworth: Penguin Books, 1985, pp. 38-9.
13. JAFFÉ, H. L. C. *El Grupo 'De Stijl'*. Amsterdã: Meulenhoff.

Capítulo 2 – Um mundo fragmentado
1. BOHM, David. *A totalidade e a ordem implicada*. São Paulo: Editora Cultrix, 1992, p. 36.
2. *Idem, Ibid.*, p. 21.
3. WILBER, Ken. *A consciência sem fronteiras*. São Paulo: Editora Cultrix, 1991, p. 19.
4. SHELDRAKE, Rupert. *Op. cit.*, p. 70.

5. JAMES, William. *Psychology: A Briefer Course*. Nova York: Henry Holt & Co., 1962, p. 52.
6. WATTS, Alan W. *O espírito do zen*. São Paulo: Editora Cultrix, 1988, p. 27.
7. *Apud* JAMES, William. In: *As variedades da experiência religiosa*. São Paulo: Editora Cultrix, 1991, p. 295.
8. CREMA, Roberto. *Introdução à visão holística*. São Paulo: Summus, 1989, p. 55.
9. WEIL, Pierre. *A neurose do paraíso perdido*. Rio de Janeiro: Espaço e Tempo/Cepa, 1987, p. 54.
10. GUÉNON, René. *A crise do mundo moderno*. Lisboa: Vega, 1977, p. 83.
11. CAPRA, Fritjof. *Op. cit.*, p. 53.
12. SPERRY, Roger. "Changing Priorities". *Annual Rewiew of Neuroscience*. Vol. 4, pp. 1-15, 1981.
13. CAPRA, Fritjof. *Op. cit.*, p. 38.
14. *Idem, Ibid.*, p. 39.
15. *Apud* SHELDRAKE, Rupert. *Op. cit.*, pp. 43-4.
16. CAPRA, Fritjof. *Op. cit.*, p. 39.
17. BORHEIM, Gerd. *Os filósofos pré-socráticos*. São Paulo: Editora Cultrix, 1985, p. 14.
18. BOHM, David. *Op. cit.*, p. 21.

Capítulo 3 — A liderança da física moderna
na mudança da visão de mundo

1. ZUKAV, Gary. *A dança dos mestres Wu Li*. São Paulo: ECE, 1989, p. 57.
2. *Apud* WILBER, Ken. In: *Quantum Questions: Mystical Writings of the World's Great Physicists*. Londres: Shambala, 1984, pp. 48-9.
3. *Idem, Ibid.*, p. 50.
4. EINSTEIN, Albert. *Ideas and Opinions*. Nova York: Crown Publishers, 1979, p. 53.
5. ZUKAV, Gary. *Op. cit.*, p. 66.
6. *Idem, Ibid.*, p. 107.
7. *Idem, Ibid.*, p. 105.
8. WILBER, Ken. *Quantum Questions: Mystical Writings of the World's Great Physicists*. *Op. cit.*, p. 163.
9. CAPRA, Fritjof. *O tao da física*. São Paulo: Editora Cultrix, 1985, p. 65.
10. CAPRA, Fritjof. *Sabedoria incomum*. São Paulo: Editora Cultrix, 1990, p. 15.
11. CAPRA, Fritjof. *O ponto de mutação*. *Op. cit.*, p. 72.
12. BOHR, N. *Atomic Physics and Human Knowledge*. Nova York: John Wiley, 1968, p. 20.
13. *Idem, Ibid.*, p. 81.
14. *Apud* ZUKAV, Gary. *Op. cit.*, p. 116.
15. BOHM, David. *Op. cit.*, p. 9.

16. BOHM, David e HILEY, B. *On the Intuitive Understanding of Non-locality as Implied by Quantum Theory*. Birkbeck College, University of London, 1974.
17. BOHM, David. *A totalidade e a ordem implicada. Op. cit.*, p. 274.
18. CAPRA, Fritjof. *O ponto de mutação. Op. cit.*, p. 45.
19. CAPRA, Fritjof. *O tao da física. Op. cit.*, p. 27.
20. CAPRA, Fritjof. *O ponto de mutação. Op. cit.*, p. 87.
21. *Idem, Ibid.*, p. 87.
22. *Apud* ZUKAV, Gary. *Op. cit.*, p. 324.
23. CAPRA, Fritjof. *O ponto de mutação. Op. cit.*, p. 91.
24. BOHM, David et al. *O paradigma holográfico*. São Paulo: Editora Cultrix, 1994, p. 177.
25. CHARON, E. J. *O espírito, este desconhecido*. São Paulo: Melhoramentos, 1981, p. 12.
26. KAFATOS, Menas e KAFATOU, Thalia. *Looking In Seeing Out – Consciousness and Cosmos*. Wheaton: The Theosophical Publishing House, 1994, p. 108.
27. *Idem, Ibid.*, p. 107.
28. *Idem, Ibid.*, p. 99.
29. *Idem, Ibid.*, p. 111.
30. ZOHAR, Danah. *O ser quântico*. São Paulo: Best Seller, 1994, p. 21.
31. *Idem, Ibid.*, p. 55.
32. *Idem, Ibid.*, p. 117.
33. LESHAN, L. *O médium, o místico e o físico*. São Paulo: Summus Editorial, 1994, p. 79.

Capítulo 4 – A ressacralização do mundo
e o paradigma holístico

1. BUCKE, Richard Maurice. *Man's Moral Nature*. Nova York: C. P. Putnam & Sons, 1961, pp. 39-40.
2. BUCKE, Richard Maurice. *Cosmic Consciousness*. Nova York: E. P. Dutton, 1969, p. 17.
3. LOZYNSKY, Artem e BUCKE, Richard Maurice. *Medical Mystic*. Detroit: Wayne State University Press, 1977, p. 24.
4. JAMES, William. *As variedades da experiência religiosa. Op. cit.*, p. 31.
5. *Idem, Ibid.*, p. 21.
6. *Idem, Ibid.*, p. 308.
7. OTTO, Rudolf. *O sagrado*. Lisboa: Edições 70, 1992, p. 150.
8. *Idem, Ibid.*, p. 15.
9. OTTO, Rudolf. *Mysticism, East and West*. Londres: Macmillan, 1962, p. 15.
10. WEIL, Pierre. "O novo paradigma holístico: ondas à procura do mar", conferência proferida no I CHI, Brasília, 1987.

11. SMUTS, J. C. *Holism and Evolution*. Connecticut: Greenwood, 1973, p. 61.
12. CHARDIN, Teilhard de. *O fenômeno humano*. São Paulo: Editora Cultrix, 1988, p. 251.
13. CHARDIN, Teilhard de. *Christianity and Evolution*. San Diego: Harcourt Brace Jovanovich, 1971, p. 180.
14. CHARDIN, Teilhard de. *O fenômeno humano. Op. cit.*, p. 62.
15. *Idem, Ibid.*, p. 324.
16. WILBER, Ken. *O paradigma holográfico e outros paradoxos*. São Paulo: Editora Cultrix, 1994, p. 18.
17. *Idem, Ibid.*, p. 12.
18. *Idem, Ibid.*, p. 20.
19. *Idem, Ibid.*, p. 26.
20. *Apud* CREMA, Roberto. *Op. cit.* p. 119.
21. *Idem, Ibid.*, p. 59.
22. FERGUSON, Marilyn. *A conspiração aquariana*. Rio de Janeiro: Record, 1994, p. 23.
23. WEIL, Pierre. *A neurose do paraíso perdido. Op. cit.*, pp. 55, 56, 57.
24. LOVELOCK, James. *The Ages of Gaia: A Biography of Our Living Earth*. Oxford: Oxford University Press, p. 212.
25. WEBER, Renée. *Diálogos com cientistas e sábios – A busca da unidade*. São Paulo: Editora Cultrix, 1988, p. 23.
26. *Idem, Ibid.*, p. 37.
27. FERGUSON, Marilyn. *Op. cit.*, p. 156.
28. ABRAHAM, Ralph, MACKENNA, Terence e SHELDRAKE, Rupert. *Caos, criatividade e o retorno do sagrado*. São Paulo: Editora Cultrix, 1994, p. 80.
29. SHELDRAKE, Rupert. *O renascimento da natureza. Op. cit.*, p. 116.
30. *Idem, Ibid.*, p. 117.
31. SHELDRAKE, Rupert. *A New Science of Life*. Los Angeles: J. P. Tarcher, 1981, p. 206.
32. RUYER, Raymond. *A gnose de Princeton*. São Paulo: Editora Cultrix, 1989, p. 30.
33. *Idem, Ibid.*, p. 35.
34. *Idem, Ibid.*, p. 135.
35. CHOPRA, Deepak. *A cura quântica*. São Paulo: Best Seller, 1989, p. 29.
36. *Idem, Ibid.*, p. 82.
37. *Idem, Ibid.*, p. 127.
38. *Idem, Ibid.*, p. 225.
39. *Idem, Ibid.*, p. 234.
40. *Idem, Ibid.*, p. 285.

Capítulo 5 — O retorno do sagrado na psicologia

1. *Apud* SCHULTZ, DUANE e SYDNEY. In: *História da psicologia moderna*. São Paulo: Editora Cultrix, 1998, p. 306.
2. BERMAN, Louis. *The Religion Called Behaviorism*. Nova York: Boni and Liveright, 1965, p. 21.
3. WATSON, John B. *Behaviorism*. Chicago: The University of Chicago Press, 1958, p. 269.
4. *Idem, Ibid.*, p. 2.
5. FREUD, Sigmund. *Análise terminável e interminável*. Rio de Janeiro: Imago, 1975. Vol. XXIII. Edição Standard Brasileira das Obras Completas de Sigmund Freud, p. 282.
6. SUZUKI, D. T. *An Introduction to Zen Budhism*. Londres: Rider and Company, 1969, p. 97.
7. FREUD, Sigmund. *Além do princípio do prazer*. Rio de Janeiro: Imago, 1976. Edição Standard Brasileira das Obras Completas de Sigmund Freud, p. 74.
8. *Idem, Ibid.*, p. 74.
9. *Idem, Ibid.*, p. 74.
10. JUNG, C. G. *Memórias, sonhos e reflexões*. São Paulo: Nova Fronteira, 1975, p. 181.
11. HOELLER, Stephan. *Op. cit.*, p. 208.
12. *Idem, Ibid.*, p. 200.
13. JUNG, C. G. *Aion — Estudos do simbolismo do Si-Mesmo*. Petrópolis: Vozes, 1982, p. 212.
14. GROF, Stanislav. *Além do cérebro*. São Paulo: McGraw-Hill, 1987, p. XIII.
15. GROF, Stanislav e Christina. *A tempestuosa busca do ser*. São Paulo: Editora Cultrix, 1994, p. 39.
16. WILBER, Ken. *A consciência sem fronteiras*. São Paulo: Editora Cultrix, 1991, p. 177.
17. WALSH, Roger e VAUGHAN, Frances. "O que é a pessoa?" In: *Além do ego — Dimensões transpessoais em psicologia*. São Paulo: Editora Cultrix, 1991, p. 60.
18. GROF, Stanislav e Christina. *Op. cit.*, p. 47.
19. TABONE, Márcia. *A psicologia transpessoal*. São Paulo: Cultrix, 1987, p. 104.
20. *Idem, Ibid.*, p. 25.
21. WEIL, Pierre. *A neurose do paraíso perdido*. *Op. cit.*, p. 91.
22. HOELLER, Stephan. *Op. cit.*, p. 72.

Capítulo 6 — A psicologia sagrada

1. *Apud* LeSHAN, L. *Op. cit.*, p. 131.
2. BOHM, David. *A totalidade e a ordem implicada*. *Op. cit.*, p. 10.

3. KAFATOS, Menas e KAFATOU, Thalia. *Op. cit.*, p. 16.
4. SCHRÖDINGER, Erwin. *My View of the World*. Londres: Cambridge University Press, 1964, p. 165.
5. KAFATOS, Menas e KAFATOU, Thalia. *Op. cit.*, p. 237.
6. FERGUSON, Marilyn. *Op. cit.*, p. 344.
7. HUXLEY, Aldous. *A filosofia perene*. São Paulo: Editora Cultrix, 1991, p. 10.
8. BOHM, David. *A totalidade e a ordem implicada*. *Op. cit.*, p. 15.
9. GOLEMAN, Daniel. "Perspectivas em psicologia..." In: *Além do ego – Dimensões transpessoais em psicologia*. *Op. cit.*, p. 36.
10. WILBER, Ken. "A psicologia perene: o espectro da consciência." In: *Além do ego – Dimensões transpessoais em psicologia*. *Op. cit.*, pp. 83-4.
11. *Idem, Ibid.*, p. 86.
12. *Idem, Ibid.*, p. 91.
13. GROF, Stanislav e Christina. *Op. cit.*, p. 12.
14. HOUSTON, Jean. *A busca do ser amado – A psicologia do sagrado*. São Paulo: Editora Cultrix, 1993, p. 30.
15. *Idem, Ibid.*, p. 49.
16. CAMPBELL, Joseph. *O herói das mil faces*. São Paulo: Editora Cultrix, 1989, p. 26.
17. HOUSTON, Jean. *Op. cit.*, p. 30.
18. *Idem, Ibid.*, p. 39.

O CASAMENTO DO SOL COM A LUA

Raïssa Cavalcanti

    Este livro trata da natureza e da história dos princípios feminino e masculino. Nele a autora mostra, com grande sensibilidade, a essência desses princípios na mitologia e, através do ancestral, pesquisa o fenômeno na sua origem arquetípica. Despindo os princípios feminino e masculino das noções estereotipadas e dos condicionamentos culturais para, desta maneira, nos apresentar a sua ação formadora da personalidade, Raïssa Cavalcanti delineia a natureza do feminino e o seu campo de atuação a partir da análise das deuses lunares, construindo uma original tipologia do feminino correspondente às fases lunares.

    Numa análise radical, *O casamento do Sol com a Lua* mostra como o homem e a mulher vivenciam os princípios masculino e feminino na formação da consciência individual e apresenta ao mesmo tempo a maneira como esses princípios interagiram na consciência coletiva. Descrevendo a forma como essas vivências determinaram uma visão do mundo e novos modos de relacionamento entre o homem e a mulher, Raïssa Cavalcanti faz um retrospecto histórico, do mito do gênese até os nossos dias, para mostrar como o princípio feminino e a mulher foram percebidos pela humanidade e quais são, neste momento, as grandes modificações dessa percepção.

    A Lua precisa ressurgir no céu da psique — diz a autora. — *Só com a sua volta do exílio a que foi relegada é que o Sol poderá reconhecer a sua mais antiga noiva. O casamento do Sol com a Lua é o evento mais importante que deve acontecer neste momento, influenciando mudanças e transformações em todas as dimensões da vida humana. Quando o Sol permitir que a Lua mostre o seu brilho, que tem uma dimensão diferente, haverá o encontro do casal cósmico.*

EDITORA CULTRIX

O MUNDO DO PAI
Mitos, Símbolos e Arquétipos

Raïssa Cavalcanti

Este livro trata do arquétipo do pai, da questão essencial do desenvolvimento da personalidade e da estrutura do mundo social. A perda da onipotência e o desejo sob a lei do pai, assim como o arquétipo do pai, símbolo estruturante da personalidade que retira a criança do matriarcado para o patriarcado, constituem também alguns de seus temas. O livro reconta a saga mítica do herói, na qual o pai é o instaurador do princípio da realidade e a criança, nas suas diversas fases evolutivas simbólicas, refaz o caminho da humanidade em direção ao desenvolvimento e à autonomia do ego.

Raïssa Cavalcanti, através dos mitos, dos símbolos e dos arquétipos, esclarece de maneira extraordinária a compreensão do patriarcado e, como polaridade, rediscute a função do matriarcado. Num dos mais completos e originais estudos dessas questões, a autora analisa Prometeu, o pai dos homens; Faetonte, o mito do pai ausente; os pais míticos: Urano, Crono-Saturno, Zeus; as filhas do pai: Têmis, Afrodite, Mnemósina, Héstia, Deméter, Hera, Atena, Ártemis; os filhos amados do pai: Apolo, o enviado; Dioniso, o das múltiplas formas; Hermes, o mensageiro.

O livro *O Mundo do Pai*, de Raïssa Cavalcanti, é um estudo inovador, indispensável para compreender o processo de desenvolvimento do ser humano e as bases psicológicas onde se alicerçam os fundamentos da civilização.

* * *

De Raïssa Cavalcanti, psicoterapeuta de orientação junguiana, a Editora Cultrix já publicou os livros *O Casamento do Sol com a Lua - Uma Visão Simbólica do Masculino e do Feminino*, e *O Mito de Narciso - O Herói da Consciência*.

EDITORA CULTRIX